불량 소년의 꿈

FURYOU SYONEN NO YUME
by YOSHIIE Hiroyuki
Copyright ⓒ 2003 YOSHIIE Hiroyuki
All rights reserved.
Originally published in Japan by KOBUNSHA PUBLISHERS, Co., LTD., Tokyo
Korean translation rights arranged with KOBUNSHA PUBLISHERS, Co., LTD., Japan through
THE SAKAI AGENCY and TONY INTERNATIONAL.

이 책의 한국어판 저작권은 토니 인터내셔널을 통해
THE SAKAI AGENCY와의 독점계약으로 '도서출판 양철북'에 있습니다.
저작권법에 의해 한국 내에서 보호를 받는 저작물이므로 무단전재와 무단복제를 금합니다.

불량 소년의 꿈

요시이에 히로유키 지음 | 남도현 옮김

슬픈 듯한 너를 위해 이 노래를 보낼게 내일 아침에는 너의 얼굴에 웃음 되찾도록 비 비 바람 바람 세차게 불어 봐라 그럴 때 일수록 우리들은 또 강해져 간다 슬픔에 잠겼던 것이나 고통에 괴로워했던 것이 내일을 살아가는 힘이 되어 줄 거야 비 비 바람 바람 세차게 불어 봐라 그럴 때일수록 우리들은 또 강해져 간다 살아있다면 외쳐 보고싶다 저 태양이 지기 전에 오늘 하루도 확실하게 산 우리들이니까 비 비 바람 바람 세차게 불어 봐라 그럴 때일수록 우리들은 또 강해져 간다 포근한 남풍과 눈 녹은 물의 차가움이 깊었던 겨울의 끝을 전해 주네 비 비 바람 바람 세차게 불어 봐라 그럴 때일수록 우리들은 또 강해져 간다

양철북

한국어판 서문

이 책에 쓴 저의 슬픈 과거는, 원래 제 가슴 속에 영원히 묻은 채로 살아가고자 결심했던 죄 많은 기억입니다. 그러나 저는 최대한의 용기를 내어, 때로는 눈물을 훔치며 한 줄 한 줄 채워나갔습니다.

그 이유는 제가 아이들에게 '선생'으로 불리며, 그 아이들에게 자기를 솔직하게 드러내라고 요구하는 존재이기 때문입니다.

"모든 것을 드러내고 아이들과 만나고 싶다." "모든 것을 드러내고 교육을 말하고 싶다." 이런 절실한 생각을 담아 쓴 이 책이 길을 잃고 헤매는 아이들에게 작지만 확실한 희망의 빛이 된다면 더 이상의 행복은 없을 것입니다. 저는 앞으로도 학생들과 더불어 울고 웃으며 온 힘을 다해 살아갈 것입니다.

교육에 국경은 없습니다. 함께 걸어갑시다. 빛을 지키기 위해.

이 책을 읽은 모든 분들께 진심으로 감사드립니다.

요시이에 히로유키

차 례

프롤로그 __ 9

1. 가족의 그늘 __ 13
집ㅣ의자 뺏기 게임ㅣ치졸한 자기 과시ㅣ부모와의 거리
가족 간의 알력ㅣ패자ㅣ사악한 싹ㅣ미로 속에서ㅣ유일한 안식ㅣ진짜 외로움

2. 폭주, 그리고 파멸 __ 35
어른들의 세계ㅣ불량 소년의 탄생ㅣ만월ㅣ선생이란ㅣ학교라는 사회
무시ㅣ거리의 풍경ㅣ고등학교 입학ㅣ빛바랜 세계ㅣ추방

3. 어둠에서 찾은 빛 __ 61
중앙아동상담소ㅣ새로운 가족ㅣ침묵의 시간
작은 불량 소년의 큰 도전

4. 약속의 장소 __ 75
여명기ㅣ선배들의 방문ㅣ뒷감당ㅣ근성 있는 놈ㅣ최초의 교사
기숙사 퇴실ㅣ안식의 장소ㅣ우정 그리고 단결ㅣ졸업

5. 불량 소년의 꿈 __ 111
　　대학이라는 우상 | 볼펜 쥔 손가락에 돋은 굳은살 | 죽음의 문턱
　　새로운 꿈을 향해 | 꿈을 담은 우표 | 다시 모교로

6. 호쿠세이 고등학교 __ 133
　　학생들을 지킨다 | 열린 교육의 힘 | 제2의 학교

7. 처음 반을 맡다 __ 143
　　38인과 한 사람의 항해 | 쇠파이프 사건 | 2학년 C반 추억의 교실에서
　　교육은 죽지 않았다

8. 남겨진 시간 __ 165
　　잊지 않기 위해 | 게이코의 도전 | 츠루의 순정 | 미야의 낡은 실내화
　　또 다시 찾아온 비극 | 우리에게 가능한 것 | 떠날 시간

에필로그 __ 205

프롤로그

2002년 3월 1일. 홋카이도 오타루에서 가까운 요이치 마을에 아침부터 많은 사람들이 모여들었다. 이곳에 있는 한 작은 사립 고등학교의 졸업식에 참석하기 위해 일본 각지에서 모인 사람들이다. 졸업식이 거행된 체육관은 발 디딜 틈도 없이 많은 사람들로 북적댔다. 체육관에 모인 사람 수만도 1,000명은 족히 되어 보였다. 전교생이 400여 명에 졸업생이 150명 정도인 고등학교 졸업식에 이렇게 많은 사람들이 모인 것은 그 동안 볼 수 없었던 풍경이었다.

몹시 튀는 복장을 한 녀석, 독특한 헤어스타일에 하카마(일본 옷. 주름잡힌 남성용 하의. - 옮긴이)를 입은 녀석, 아침 일찍부터 전통 의상을 입고 한층 멋을 부린 녀석, 양복에 선글라스를 낀 녀석 등 어떤 모습도 세상에서 일반적으로 말하는 '평범하다'란 말과는 너무도 동떨어져 있는 모습들이다.

이렇듯 평범하지 않은 모습을 한 주역들은 주위에 신경 쓰지 않고 일그러진 표정으로 울고 있었다. 이런 모습을 바라보는 부모, 그리고 그들과 함께 했던 교사들의 눈에서도 눈물이 흘러내렸다.

무엇 때문에 그런 감동을 느낀 것일까? 그리고 무엇이 그토록 슬펐을까? 무엇에 안도감을 느끼는 것일까? 오열은 식이 진행되는 중에도 계속 이어지고 있었다. 이 광경 또한 일반 고등학교의 졸업식과는 사뭇 달랐다.

눈물의 의미는 분명, 이런저런 차이가 있을 것이다. 그러나 졸업생들 누구에게나 하나의 공통점이 있었다. 그것은 이 북쪽의 대지(홋카이도를 가리킴)에서 고뇌하며 필사적으로 보냈던 지난 3년의 시간을 함께 했다는 점이다. 꿈속에서 발버둥치며, 벽 앞에서 절망했던, 그럼에도 계속해서 앞으로 나아가는 방법 외에는 없었던 불량 소년들의 진실 어린 눈물인 것이다.

졸업생 답사 중에 학생회장이 말했다.

"36기 동료 여러분, 이 장소에서 싸움은 끝났다."

호쿠세이 사립 고등학교는 1965년 홋카이도 요이치 마을 유치 운동 끝에 설립되었다. 이 학교는 오타루에서 차로 30분 정도의 마을에 있는 작은 사립 고등학교였다.

호쿠세이 고등학교는 개교 이래 일관되게 한 가지 사명을 맡고 있다. 사회와 교육의 뒤틀림 때문에 넘쳐 나는, 갈 곳 없는 학생들을 받아들인다는 사명이다.

옛날에는 공립 고등학교 수험 실패자를, 1970년대부터는 심각한 사회 문제가 된 학내 폭력 학생을, 1980년대에 들어서는 이지메 문제로 집단 따돌림을 당한 학생들을 받아들였다.

그리고 학생 수의 감소 때문에 폐교 문제가 거론되던 1988년, 전일제 보통 고등학교로는 처음으로 전국의 고등학교 중퇴자를 다시 학교로 돌아올 수 있도록 받아들인 학교였다. 1990년대에 들어서는 점점 더 심각해지던 등교 거부 학생들을 적극적으로 받아들였다.

확실히 교사와 학생이 말 그대로 함께 고뇌하면서, 청소년을 둘러싼 모든 사회 문제와 정면으로 대치하지 않으면 안 되는 학교였다. 또, 그렇게 하지 않으면 존재 그 자체가 불가능한 학교이기도 했다.

지금으로부터 13년 전, 1990년 3월에 나는 이 학교의 학생으로, 눈물을 흘리면서 그들과 같은 장소에 있었다. 그들과 같은 얼굴 표정으로 울고 있었다. 모교에서의 마지막 시간을 애지중지하며 계속해서 눈물을 흘리고 있었다. 나 자신도, 어른들과의 끊임없는 마찰로 방황하던 끝에 그 장소에 다다랐던, '불량 소년'의 한 사람이었다.

그 날부터 13년이 지난 지금, 나는 그 장소에 담임 교사로 서 있다. 학교에 부임하고 처음으로 졸업생을 배출하는 자리다.

13년 전, 내가 학생으로 있던 반과 같은 3학년 C반의 담임으로.

1 가족의 그늘

집

1971년 3월 31일, 나는 나가노 현의 나가노 시에서 조상 대대로 살아온 집안의 장남으로 태어났다.

내가 태어나고 얼마 지나지 않아 부모님은 이혼했다. 초등학교 고학년이 되어서야 알게 된 것인데, 내가 태어나고 바로 엄마가 집을 나갔다. 그 이유가 무엇인지는 지금까지도 알지 못한다. 사실, 알려고도 하지 않았다. 아니, 정확히 말하면, 어린 시절에는 알고 싶었다. 한 번만이라도 친엄마를 만나고 싶었다. 그러나 그렇게 하면, 나와 가족을 연결하고 있는 위태롭고 얇은 끈이 뚝 끊어질 것 같은 느낌 때문에 무서웠다. 이런 위기감으로 인해 마음속에 있는 엄마에 대한 동경심 비슷한 감정을 밀어내는 가운데, 결국에는 그 무엇도 느낄 수 없게 되었다.

그래서 일까, 나는 32세가 된 지금까지 나를 낳은 엄마를 알지 못한다. 지금 어디서 무엇을 하고 계신지도.

어디든 계실 거라는, 흔히 하는 말이 있다. 그러나 이런 말은 확실히 그림자가 되어, 내 마음의 많은 부분을 성장시키지 못하게 한 원인이 되었다.

부모님이 이혼하고 바로, 아버지는 재혼했다. 젊고 예쁜 새엄마는 현실적인 문제가 생겼을 때 능숙하게 대처했고, 때문에 내 친엄마가 아니라든가, 하는 의구심 따위는 없었다. 이윽고 아버지와 새엄마 사이에 동생이 태어났다. 할아버지 할머니, 아버지와 새엄마, 그리고 한 살 위의 누나와 배다른 동생, 그리고 나, 이렇게 일곱 명의 가족이 함께 지냈고, 다른 사람들이 볼 때 우리 가족은 그냥 평범한 가족이었다.

의자 뺏기 게임

유년기의 어린애들, 특히 나이 차가 적은 형제가 있는 집의 경우, 아이들에게는 중요한 관심사가 있다. 그것은 좋아하는 텔레비전 만화 프로라든가 저녁 식사 때의 반찬 같은 것으로 다투는 것보다 오히려 절실하며, 때로는 자기 존재를 전부 걸 정도로 중요한 경우도 있다.

어린 나에게 집에서 가장 중요한 관심사는 '부모의 무릎 위'를 누가 자신의 장소로 만들 것인가, 하는 문제였다.

부모가 이혼하고 아버지가 재혼하기까지, 나와 누나를 할아버지와 할머니가 돌봐 주었다. 내가 태어나자마자, 어쨌든 할아버지와 할머니는 나에게 붙어 있어야만 했다. 그 결과, 누나는 할아버지와 할머니의 관심을 끌 수가 없었고, 집에 돌아온 아버지에게 필요 이상으로 응석을 부렸다. 그리고 일에서 쌓인 피로를 잊도록 재롱을 떠는 누나를 아버지는 몹시 사랑했다. 언제나 아버지의 무릎 위는 누나의 자리였다. 바꿔 말하면, 누나에게는 넓은 집안에서도 아버지의 무릎 위만이 유일하게 편안한 자리였던 것이다.

그러나 오래지 않아 아버지가 재혼하고, 새엄마와의 사이에서 아기가 태어났다. 그 때까지 내가 때때로 놀던 새엄마의 '무릎 위'는 당연하게도 새 생명을 지키는 장소로 바뀌었다. 아빠와 새엄마 단지 두 개밖에 없는 '의자'의 확실한 소유자가 정해지는 순간이었다.

지금도 마치 어제 일처럼 생각난다. 거실 끝에서, 웃는 얼굴의 할아버지와 할머니 사이에서 누나와 동생을 선망의 눈길로 쳐다보던 그 날의 내 모습이.

어린 시절 자리를 뺏기 위한 나의 유치한 투쟁은 내 힘으로는 어떻게 하는 것이 불가능한 상황 속에서 조용히, 그리고 간단하게 막을 내렸다.

치졸한 자기 과시

나는 점차 부모를 잘 따르지 않는 아이로 변해 갔다. 부모에게서 무슨 말인가를 들었을 때, 누나나 동생처럼 '예'하고 순순히 말하지 않는 아이가 되었다. '가능하다면 칭찬을 받고 싶다.' '날 좀 봐주면 좋겠다.' 이렇게 생각하면 할수록, 무의식적으로 반대되는 행동을 해 버리는 꼴이 돼 버렸다. 유치하게도 이런 생각을 했지만, 청개구리 같은 행동을 멈추는 것은 불가능했다.

언제부터인가 부모님은 다른 사람에게 나를 소개할 때 반드시 덧붙이는 말이 생겼다. "이 애는 할아버지 할머니에게 지나치게 귀여움을 받아서……." 그리고 이어지는 세 가지의 말, "솔직하지 않다." "버릇없다." "피해망상이 심하다."는 말은 항상 내 귓가를 맴돌았고, 이런 말을 들으면 들을수록 나는 집을 떠나 혼자서 살고 싶다는 생각을 했다. 그렇지만 그 어린 나이에 내가 선택할 수 있는 것은 갈수록 부모를 잘 따르지 않는 아이가 되는 것이었다.

지금도 때때로 기억나는 어린 시절의 추억이 있다. 그것은 가족여행을 떠나면 항상 투정을 부렸던 일이다. 우리 가족은 1년에 두 번, 골든위크(일본에서는 4월 29일~5월 5일까지 산림의 날, 헌법기념일, 노동절, 어린이 날 등 법정 공휴일이 몰려 있어 짧게는 4일부터 길게는 1주일까지 연휴가 이어지는데 이를 골든위크라고 함.―옮긴이)와 여름방학에 1박 2일로 여행을 떠나곤 했다. 아이들에게 여행은 1년 중에서 가장 큰 즐거움이다. 나도 출발 전날 밤에는 기뻐서 제대로 잠들지 못했던 기억이 난다. 그러나 그럼에도 여행 첫날밤에, 나는 울면서 "빨리 집에 돌아가자. 할아버지 할머니가 보고 싶어." 하고 떼를 쓰는 바람에 부모님을 곤혹스럽게 했다.

치졸한 자기 과시였다. 할아버지와 할머니 없이 집밖에서 시간을 보내는 여행은 나에게 더 큰 고독감을 느끼게 했다. 부모 자식 관계에서 자신이 설 곳을 찾을 수 없었던 초조함은, 늘 생각과는 반대의 언행을 하게 했다. '날 봐주면 좋겠다.' '날 사랑해 주면 좋겠다.' 그럼에도 이런 마음을 솔직하게 표현할 수 없었던 나는, 부모님에게는 상당히 귀엽지 않은 아이였을 것이다. 다른 아이에 비해 몇 배나 응석받이로 비친 나는, 그만큼 덜떨어진 아이이기도 했던 것이다.

내가 처한 상황은 일반적으로 볼 때 딱히 특별한 상황은 아닐지도 모른다. 이혼한 부부는 세상에 얼마든지 있고, 엄마 없이 아버지 밑에서 자라는 아이들도 굉장히 많다. 할아버지 할머니와 함께 살았던 나 같은 경우는, 오히려 은총을 받은 경우일지도 모른다. 그러나 내 경우를 생각해 보면, 성장할 때 없어서는 안 될 중요한 것이 결여된 상태로 어린 시절을 보냈다. 그것은 부모란 존재로부터 '절대적으로 사랑받은' 기억이다. 집안에서 내 마음속에는 쓸쓸함만이 쌓여 갔다.

인간은 성장하면서 다양한 것을 경험하고 기억한다. 그러나 그 기억들을 들추어 보면 괴로운 것이 훨씬 많다. 가능하다면 괴로운 일은 경험하고 싶지 않은 게 많은 사람들의 보편적인 감정이다. 그래서 어린 시절에는, 부모가 아이들을 뒷받침해 주면서 '경험해' 간다. 이것이 '교육'의 첫걸음이다. 이런 교육의 첫걸음에는, 바로 부모란 존재로부터 '절대적인 사랑을 받는 것'이 전제되어야 한다. 이런 기억이 세상과 맞설 수 있는 용기의 토대가 된다.

최근에 어른들은 아이들을 보고 '어른이 말하는 것을 듣지 않는다.'고 하는데, 여기에는 다양한 원인이 있다. 그 중 가장 큰 원인은 교육하는 쪽으로부터 '절대적인 사랑을 받은' 기억이 결여되어 있기 때문이 아닐까 싶다. 이런 의미에서 아이들은 어른들의 말을 '안 듣는 것'이 아니라, '못 듣게' 되었다고 말하는 편이 옳지 않을까.

부모와의 거리

내가 태어난 집은 2차 세계대전이 끝난 후에 바로 지어진 단독 주택으로, 140평 정도의 대지에 다다미방이 7자 모양으로 설계된 집이다. 서쪽은 할아버지 할머니와 내가 생활하는 공간이었고, 그 반대편이 부모님과 누나, 동생이 생활하는 공간이었다.

나는 부모님과 누나, 동생이 잠자는 침실에 들어가 본 기억이 거의 없다. 내가 유치원에 들어갈 때쯤에, 그 방은 나에게 문지방이 높은 장소가 돼 버렸다. 점점 멀어져 버린 부모님과의 거리는, 그 시점에서 다시 회복할 수 없을 정도로 더 벌어졌음을, 이제서야 느낄 수 있다.

다른 사람들이 볼 때는 평범한 가정처럼 보였을 것이다. 확실히 그랬을지도 모른다. 다양한 문제를 안고 있으면서도, 규칙적인 역할 분담을 통해 만들어진 '단란함'은 존재했다. 가족이란 결국 이런 것일까.

그러나 내가 유치원 때, 단란함을 유지시키던 역할 분담의 원칙을 파괴하는 커다란 변화가 있었다. 그것은 아버지가 경영하던 회사의 도산이었다. 때마침 제2차 석유 파동으로 나라 전체가 불안에 휩싸여 있었다. 미국의 비호 아래 달성했던 이상할 정도의 고도성장이 끝나는 것처럼 보이는, 그런 시대였다.

단란했던 거실에서, 미소가 사라졌다. 할아버지와 아버지는 매일 심각한 얼굴로 말을 했고, 참을 수 없는 분노를 가족에게 폭발시키곤 했다. 또한 할머니와 새엄마마저도 험악한 관계로 변했다.

언젠가 아버지는 말씀하셨다. "그 때, 가족 모두 데리고 댐으로 뛰어내릴까, 하는 생각도 했지만, 너희들의 얼굴을 보고 열심히 살아야겠다는 마음을 먹었다."고. 이토록 절망스러웠던 때, 가족의 유일한 희망은 당연히, 건강하게 자라나는 아이들이었다.

그러나 나는 불안했다. 그것은 할아버지 할머니와 부모님 사이에서 미묘한 위치에 있던 내가, 어른들의 분쟁에 휘말려들지나 않을까, 하는 불안이었다.

나는 귀엽지 않은 아이였다. 그것은 의심할 바 없는 사실이었다. 나는 언제나 거실에서 떨고 있었다. '무슨 일이라도 일어나지 않을까.' 하는 불안 때문에.

가족 간의 알력

"다녀오겠습니다."
"뭐, 빠진 것 없니?"
"예, 없어요."
"잘 갔다 오너라."

아이가 있는 집이라면, 어디서나 볼 수 있는 일상의 아침 풍경이다. 아이들은 부모의 배웅을 받으며 활기찬 모습으로 유치원이나 초등학교로 향한다. 그러나 나는 그런 순간을 맞기까지 매일, 어떤 통과 의례를 받아들여야만 했다. 비교적 몸이 약했던 나는 특히 추위에 몹시 약해서, 겨울이 되면 늘 감기에 걸려 가족들에게 걱정을 끼쳤다.

통학 전 준비는, 먼저 할머니 계신 곳으로 가는 것이 일과였다. 할머니는 겨울이 되면, 손자가 추울까 봐 내복을 비롯해 옷을 겹겹이 입혀 주셨다. 마른 몸이 두 배는 돼 보일 정도로 두껍게 옷을 입었다.

할머니께 인사를 하고 현관으로 향하면, 반드시 거쳐야 하는 통과 의례가 하나 더 있었다. 그것은 어머니의 복장 검사였다. 어머니는 불평을 하면서 입고 있던 옷을 하나 둘 벗겼고, 가벼운 복장으로 다시 바뀌었다. 이런 절차를 거쳐야 밖으로 나서는 것이 허락되었다. 그리고 나서 집에 돌아오면, 다시 할머니의 복장 검사와 어머니의 푸념이 기다리고 있었다.

할머니와 어머니는 나를 두고 자주 다퉜다. 그리고 이런 다툼은 곧잘 아버지와 할아버지에게까지 확대되었다. 물론 다툼의 원인에는 '귀엽지 않은' 나의 태도와 언행도 한 몫 한 것이 사실이다. 해결되지 않는 어른들 싸움의 불똥은, 결국 나에게 튀었다.

"어른들이 너무 감싸고도니까 애가 이 모양이죠."

"너희들이 확실히 못하니까, 손자라는 녀석이 이 모양이지."

어른들의 이런 언쟁에 대해 난 우는 것 외에 다른 방법이 없었다.

"차라리 태어나지 않았으면 좋았을 텐데."

교육은 결코 한 사람의 힘만으로는 이루어질 수 없다. 한 사람의 노력과 이념으로 귀중한 타인을 '올바른' 방향으로 이끌 수 있다면 그보다 좋은 일은 없겠지만, 결점과 여린 구석이 있는 인간이, 비슷한 결점과 여린 성격의 인간을 '올바른' 방향으로 이끄는 것은, 그렇게 단순한 문제가 아니다. 인간이란 진실한 마음을 가진 다양한 사람들 속에서 더욱 잘 성장하는 존재이기 때문이다.

관계가 다면적일수록 선택할 폭이 넓어지고, 최종적으로는 사고와 관계가 강화되는 방향으로 나아가게 된다. 이런 의미에서 내가 처한 환경은 어떤 의미에서 축복을 받았다고도 할 수 있다.

그러나 결코 잊어서는 안 되는 것이 있다. 그것은 '교육'이라는 끈으로 이어져 있는 사람들 간의 대화와 의사소통이다.

교육은 반드시 피교육자(교육을 받는 자)를 중심으로 시작하는 것이며, 그 목적은 피교육자의 균형 있는 인격 형성에 있다.

다양한 방법론을 펼치는 건 좋다. 그러나 나아갈 방향이 다르다고 서로 비판하면, 불완전한 존재인 아이들은 무엇에 의지하고, 어디를 목표로 해서 가야 할지, 방향을 상실할 것은 자명하다.

그리고 길을 잃어 불안할 때, 자신들에 대한 어른들의 무책임한 부정과 비판은, 지울 수 없는 상처로 마음에 남게 되며, 결국 그런 상처는 '불신'이나 '원한' 같은 부정적인 싹을 틔우기 마련이다.

지금, 교육에 눈길을 주고 귀를 기울이면, 나는 많은 아이들의 비통한 절규를 들을 수밖에 없다. 모두가 지금보다는 더 아이들과 대화를 나누면 좋겠다. 어른들의 사회가 아무리 바쁘고 시끄럽더라도, 그럴수록 아이들의 미래에 대해 이야기할 수 있었으면 좋겠다. 그리고 부둥켜안을 수 있었으면 좋겠다. "너희는 우리의 희망이다."라고 말하면서.

패자

1977년 4월, 초등학교에 입학했다. 3월 31일에 태어난 나는, 가장 어린 1학년생이었다. 게다가 체구도 반에서 제일 작았다.

제2차 베이비붐 세대, 아이를 안 낳으려고 하는 지금과는 완전히 다른 시대 배경 속에서 나는 성장했다. 그리고 단괴 세대(2차 세계대

전 직후인 1947년~1949에 태어난 일본 베이붐 세대. 일본의 고도성장을 주도했던 세대로, 당시 출생 인구가 약 700만 명에 달했다.—옮긴이)가 만든 환상을 받아들이도록 강요받으면서, 고통을 감내해야만 했다.

교실에는 40명이 넘는 학생들이 모여 있었고, 근처에도 아이들이 넘쳐 났다. 생각해 보면, 우리들은 늘 경쟁하면서 성장했다.

학교에는 '치맛바람'이란 말도 생겨났고, 학생들에게는 '수험 전쟁' 같은 끔찍한 말까지 들렸다. 학력 편중, 엘리트 지상주의의 한가운데 우리 세대는 있었다.

'이웃집 애보다 점수가 좋다.'는 사실이, 산골짜기 마을에서조차 자랑이 되었고, 아이들도 어른들에게 새로운 게임기를 선물받기 위해서 필사적으로 점수 경쟁에 매달렸다.

경쟁은 공부에서만이 아니었다. 어린 시절부터 '뭐든지 이겨야 한다. 어쨌든 이겨야 한다.'는 사회 분위기는 우리들에게 공부뿐만 아니라 게임이나 스포츠 등 모든 분야에서 최고가 되어야 한다는 강박감을 심어 주었고, 그에 따른 고통을 견뎌야 했다.

또한, 성장 과정에서 아이들에게 강요되는 과도한 경쟁심과 사회 풍조는 아이들 사회에서도 분명한 '승자'와 '패자'를 만들었다. 집단 따돌림도 이런 상황 속에서 움텄다.

이런 분위기에서 나는 확실히 '패자'의 한 사람이었다.

몸집도 작고 어리게 행동하는, 더구나 공부도 잘 하지 못했던 나는, 늘 우선적인 열외 대상이었다. 교사들도 나를 문제아 진영으로 분류했다. 사실 방법이 없었다. 왜냐하면 그 당시 나는 앉아서 한 시간도 만족스럽게 수업을 받는 것이 불가능했기 때문이다.

나는 절망했다. 집에서는 고독했고, 학교에서는 소외된 나 자신 때문에, 그리고 그런 자신을 어떻게 할 수 없는 무력감으로 인해.

사악한 싹

'강한 사람이 되고 싶다'고 마음속으로 생각했다. '누구에게도 지지 않는 힘'을 갖고 싶었다. 그리고 언제부터인가 부모나 사회로부터 좋은 평을 받는 사람이나 강한 인간들을 마음속으로 질시하고, 밀어내고 싶은 바람이 생겼다.

유치원 시절, 마음의 상처에서 발아한 사악한 싹은 무의식 속에서 유치한, 그렇지만 질긴 '왜곡된 지배욕'으로 자라났.

심술궂은 선생님의 꾸지람을 듣고 울면서 집으로 돌아가곤 했던 나는 자존심이 무척 센 아버지를 실망시켰다.

"넌, 특수 학급밖에 방법이 없어."

"넌, 도대체 누굴 닮은 거야."

"넌, 엄마의 바람기 때문에 태어난 거야."

아버지의 한 마디 한 마디의 말은 움트고 있던 사악한 싹에 확실한 영양분이 되었다.

어머니는 그런 나에게 심할 정도로 공부를 시켰다. 지정된 범위까지 끝내지 못하면, 저녁 먹는 것도 불가능했다. 밤 9시를 넘겨서까지 하고 나서야, 저녁 식사를 한 적도 종종 있었다.

휴일에는 나에게 공수도를 배우게 했다. '보통 사람보다 강한 아이'로 자라야 한다는 아버지의 강한 희망 때문이었다. 나는 있는 힘을 다해 노력해야만 했다. 울면서도 있는 힘을 다해 견뎠다.

봄이 지나고, 여름이 지나고, 가을 그리고는 겨울로 이어지는, 단조롭게 보이는 계절의 변화가 성장기의 아이들에게는 큰 변화를 초래하기도 한다. 돌아가든 곧바로 가든 출발 지점이 보이지 않는 장소까지 아이들을 이동시킨다. 언제부턴가 나를 둘러싼 상황은 확 바뀌어 버렸다.

수업 중에는 여전히 불안정한 학생이었다. 그렇지만 공부는 언제부턴가 '잘할 수 있는' 부류에 속하는 학생이 되었다. 그리고 공수도로 익힌 기술은, 다른 아이들을 침묵시키고 자신을 인정받게 하는 적절한 도구가 되었다.

반에서 가장 혐오스런 존재였지만, 무시할 수 없는 아이. 이런 존재로 나는 변했다. 나의 사악한 싹은 결국 친구들에게 폭력을 휘두르게 했고, 나에게 폭력을 당한 아이의 집에 아버지와 사과를 하러 간 적도 종종 있었다. 상대 부모 앞에서 아버지는 나를 호되게 꾸짖었다. 나도 울면서 사과했다.

그러나 돌아오는 차 안에서 나는 아버지에게 "그 녀석이 다른 아이를 따돌리는 걸 용서할 수 없었어요. 선생님이 보고서도 못 본 체 한 것뿐이에요."라고 '거짓말'을 하면, 아버지의 얼굴이 순식간에 자신 있고 자랑스러운 얼굴로 변한다는 것을 나는 잘 알고 있었다.

나의 마음에서 움트고 있었던 사악한 싹은, 쉽게 제거할 수 없을 정도로 마음속에 깊은 뿌리를 내리고 있었다.

미로 속에서

초등학교라는 새로운 사회를, 일종의 난폭한 공간으로 변화시킨 것 때문에 나는 기분이 매우 좋았고, 그것이 나를 우쭐거리게 만들었다.

객관적으로 본다면, 이것은 '진정한 기쁨'과는 거리가 먼 것이다. 하지만, 당시에 나는 '정말로 기분 좋은 것'이 무엇인지도 몰랐고, 또한 알려고 하지도 않았다. 어떤 형태로든, 다른 사람들이 '내' 존재를 인식하는 것, 그것만으로도 충분했다. 그러나 자만했던 나는 결과적으로 모든 것을 잃는 중대한 과오를 저지른 꼴이 되었다.

나의 '사악함'은 가족의 총애를 한몸에 받고 있던 동생에게로 향했다.

동생은 바르고 정직한 아이였다. 그 웃는 얼굴은 누가 봐도 '귀엽다'고 생각할 수밖에 없었다. 동생이 '빛'이었다면 나는 '어둠'이었고, 동생이 '천사'라면 나는 '악마'였다. 내 마음에 그늘이 드리우면 드리울수록, 그 차이는 확연하게 드러났다.

내가 만든 아이들 그룹에서, 나는 리더였다. 그런데 아직 어린 동생은 내게 들러붙어 있는 무기력한 '리더의 동생'일 뿐이었다. 집에서는 항상 동생이 우선이었지만 내가 만든 조직에서는 달랐다. 내가 권력자였다.

어린 동생에게, 온 가족의 사랑을 받고 있는 동생에게 형이란 존재를 인식시키는 것에 나는 필사적으로 매달렸다. '이런 것도 할 수 있다.'는 것을 과시하기 위해 나는 동생 앞에서 광장에 있는 조립식 모형을 야구 방망이로 부수거나, 아버지의 골프채로 수박을 깨거나, 누가 가장 높은 곳에 발자국을 남길 수 있는지 시험하기 위해 담벼락을 움푹 패게 만들어 놓곤 했다.

왜 이런 어리석은 일을 했던 것일까? 어째서 이런 자기 과시욕이 드러난 것일까? 이런 방법으로 자신의 힘을 표현할 수밖에 없었던 나는 부모에게도, 교사에게도, 친구에게도, 분명 '문제아'였다. 그러나 당시 나에게는 이런 자각 같은 것은 없었다.

내 안의 숨은 사악함은, 늘 나에게 '어른들을 화나게 할만한 행동은 동생과 함께 한다.'고 말을 걸었다. 그러나 이러한 나의 모든 시도는 결국 실패로 돌아갔다. 나와 친구들, 그리고 어린 동생과 함께 문제를 일으켜서 어른들에게 그 책임을 추궁당했을 때, 그 모든 책임이 나에게 돌아온다는 것을 제대로 깨닫지 못하고 있었던 것이다.

친구들은 주저 없이 나를 버리고, 어른들에게 고자질했다. 당연하다면 당연한 상황이었다. 친구들이 보기에 어른들과 나를 비교했을 때, 좀더 두려운 존재는 분명 어른들이었기 때문이다.

"히로 군이 시켰다."

몇 번이고 이런 말을 들어야 했다. 동생도 당연히, 현명한 선택을 했다.

"난 형을 따라갔을 뿐이야."라고.

친구들의 부모들은 나와 어울리는 것을 금지시켰다. 집에서도 나와 동생을 의식적으로 떼어놓았다. 그리고 나에 대한, 부모의 학대라고 해도 좋을 정도의 질책은 일상적인 것으로 변했다. 당연한 결과였다.

그러나 이런 결과는 한층 더 내 사악한 싹에 영양분이 되었다. 어른들이 없는 장소에서 폭력을 행사하는 나의 영향력은 아직 건재했다. 나는 부모에게도, 교사에게도, 친구에게도, 분명 혐오스런 인간이었다. 폭력 외에는 누구도 내 편으로 만들 수 없는 상황이었다.

'배반에 대한 제재'란 명목으로 나는 아이들을 힘으로 굴복시켰다. 싸움에 질 때도 몇 번인가 있었다. 그들은 늘 나를 피하거나 무시했다. 그러나 상대가 한 사람일 때는, 집요하게 상대를 노리면 간단하게 굴복시킬 수 있었다. 그리고 나는 동생을 따돌리기 시작했다. 변명을 하려 해도, 분명 이지메였다. 울 때까지 계속 이지메를 했다.

그 결과, 부모에게 매를 맞았다. 울 때까지 매를 맞았다. 그래서 나는 동생을 더 심하게 따돌렸다. 이지메를 했기 때문에 또 맞았다. 이런 상황이 반복되었다.

유일한 안식

내가 태어난 때부터, 늘 곁에서 내 대화 상대가 되어 주었던 사람은 부모님이 아닌 할아버지와 할머니였다. 잠자리에서 늘 할아버지와 할머니에게 옛날 얘기를 해 달라고 졸랐다. 몇 번이고 들었던 이야기, 내용도 전부 알고 있었던 이야기를 나는 매일 해 달라고 졸랐다. 내가 가여운 상황은 아니었을 텐데도 할아버지와 할머니는 언제나 나의 그런 어리광을 너그럽게 받아 주었다.

나에게는 어린 시절부터 '귓불'을 만지는 버릇이 있었다. 아마 그런 버릇은, 어머니 젖을 물지 못한 데서 생긴 버릇이었을지도 모르겠다. 귓불을 만지면서 할아버지와 할머니에게 옛날 얘기를 듣는 시간이야말로 내가 편안함을 느끼는 유일한 시간이었다. 그 속에 적은 아무도 없었다. 화내는 사람도 없었다. 기뻐할 존재도 없었다. 의식이 완전히 사라져 깊은 잠에 빠질 때까지, 나는 할아버지와 할머니의 옛날 얘기에 귀를 기울였다.

할아버지는 메이지 시대에 태어난 아주 엄격한 분이었다. 식사할 때 자세가 나쁘다는 이유로 내 머리를 젓가락으로 때리곤 했다. 때로는 혹이 생길 정도였다. 인사성과 일상 예절에 대해서도 잔소리가 심했다. 한 번 화내면 무서운 할아범이었다.

그러나 할아버지를 한 번도 미워한 적이 없다. 그런 할아버지를 오히려 존경하고 좋아했다. 주변 사람들은 모두, 입을 모아서 훌륭한 할아버지라고 말했다. 동네를 당당하게 활보하던 할아버지의 모습은 나의 자랑이었다.

고등학교에서 수학 선생으로 일한 적이 있는 할아버지는 잠자리에 든 나에게 많은 것을 가르쳐 주었다. 우주의 시작, 비행기의 원리, 전쟁에 대한 이야기, 옛날 아이들의 생활, 사회라고 하는 것……. 어려워서 이해할 수 없는 것도 많았지만, 나는 그런 이야기들을 너무나 좋아했다.

부모님 때문에 화가 나서, 울면서 잠자리에 든 날이면 할아버지는 곧잘 나에게 이런 말을 건네곤 했다.

"사회 생활이란 원래 힘들단다. 울기만 하면 안 된다. 만약 슬프고, 후회스러우면, 반드시 슬프고 후회스런 상황이 생긴 원인을 생각해봐라. 그러면, 자신이 바보 같고 무력했다는 것을 깨닫게 될 거다. 그래야 다음 날 힘낼 수 있지. 조금이라도 슬프지 않도록, 다음 날 힘내는 것. 산다는 건 바로 그런 거란다."

눈물을 흘리며 잠자리에 든 날이면, 몇 번이고 할아버지에게 들었던 얘기. 그 때는 잘 이해하지 못했지만, 그럼에도 안심할 수 있었다.

'할아버지도 늘 나랑 같았겠지.'

진짜 외로움

"넌 바람피운 여자의 아이다."
어린 시절부터 수없이 이런 말을 아버지에게 들어왔다.
"그게 무슨 말이지?"
나는 말의 의미도 모른 채, 언젠가는 그런 질책이 끝날 것이라고 기대했고, 그 순간을 계속해서 기다려왔다.

부모님은 피곤해했다. 동생을 이지메 하는 나를 둘러싸고 아버지와 어머니는 언제나 다투곤 했다. 언제부턴가 어머니의 눈에는 나에 대한 증오의 눈빛이 맺혔다. 그것은 며느리와 시어머니 사이의 알력에서 기인한 것으로, 나를 향한 어머니의 시선은 곱지 않았다.
그런 느낌 때문이었는지, 아니면 늘 맞았기 때문인지 잘 모르겠지만, 언제부터인가 나도 동생만 감싸고도는 어머니를 증오하게 되었다.
한 번은 이런 일이 있었다. 부부 싸움 끝에 갑자기 아버지께서 나에게 가방에 옷을 챙겨 넣으라고 말했다. 함께 이 집을 나가자고 했다.
"왜죠?"
"네가 있으면 집은 풍비박산 난다."
할아버지가 울면서 말렸기 때문에, 아버지와의 가출은 결국 미수로 끝났지만, 이 소동은 나에 대한 질책으로 이어졌다.
"뭐야, 집안 꼴이."

내가 가족들 분쟁에 직접적인 원인 제공자임에도 나는 그에 대한 책임감을 전혀 느끼지 못했고, 늘 그랬던 것처럼 나에 대한 부모님의 질책은 언제쯤인가는 끝날 것으로 믿고 있었다.

내가 책임감을 느끼고 있지 못해서인지, 아니면 물밑에서 이루어진 어른들의 주도면밀한 논의의 결과 때문이었는지는 모르겠지만 언제나 나를 따뜻하게 감싸주던 친척 할아버지와 할머니가 가까운 카와하라에 있는 운동장으로 데려 간 적이 있었다.
'내 응원군이 돼 줄려고 그러나? 아니면 설교하려고 그런 건가?'
이런 정도의 가벼운 기분으로 따라나섰다. 그리고 기분 나쁜 긴 침묵이 흐른 뒤, 나는 너무나도 충격적인 사실을 친척 할아버지께 들었다. 부드러운 어조로 나에게 들려준 이야기는 내 출생에 대한 비밀이었다.

"히로 군의 지금 엄마는 진짜 엄마가 아니다. 히로 군의 진짜 엄마는 히로 군이 태어났을 때 아빠와 이혼했지. 그러니까 (지금 엄마의 친아들인) 동생을 이지메 하면, 히로 군을 집에서 쫓아낼지도 몰라. 그래도 좋아?"

머릿속에 번개가 스치는 듯한 느낌이 들었다. 유년 시절부터 막연하게 느끼던 위화감, 동생을 이지메 했을 때 날 바라보던 어머니의 눈, 그럴 때마다 나를 감싸주던 할아버지와 할머니의 모습, 아버지와의 가출 소동 때 들었던, '바람피운 여자의 아이'라는 말, 누나와 동생에 대한 지나칠 정도의 염려, 어머니에게 불상이 있는 방에서 빗자루로 맞곤 했던 어린 시절의 기억……. 이 모든 것이 한순간에 이어지면서, 내 마음에 꽂혔다.

"그게 정말이야?"

힘없이 묻는 내게, 친척 할아버지와 할머니는 울면서 고개를 끄덕였다. 나의 뺨에도 눈물이 흘렀다.

나는 다시 물었다.

"내가 정말 바람피운 여자의 자식이야?"

"그렇지 않아. 넌 우리 집안의 아이야."

그 다음은 기억나지 않는다.

결코 잊을 수 없는, 초등학교 고학년 때인 어느 날 저녁 무렵에 일어난 일이었다.

부모의 이혼 그리고 어딘가에 있을 진짜 엄마. 드물지 않은 일이다. 텔레비전에서도 종종 나오곤 했던, 결코 특별한 일은 아니었다. 같은 처지의 사람들은 세상에 얼마든지 있었다. 단지 내가 그런 많은 사람들 가운데 한 사람일 뿐이었다. 분명히, 분명히 그랬다.

그러나 나는 감당하기 어려웠다. 부모가 이혼한 그 자체가 문제는 아니었다. 태어나서 그 때까지 쌓였던 모든 상처가 한 순간에 연결되면서, 몇십 배, 몇백 배, 몇만 배의 증오로 변하는 것을 감당하기 어려웠다.

내 마음에 조금은 남아 있던 양심 비슷한 것이 전부 부서지는, 그런 느낌이었다.

만약, 그 때 누군가가 나를 힘차게 안아주었다면 어떻게 되었을까? 만일 그 때 누군가가 완전히 마음을 열고, 쓰러져 울도록 해 주었다면 어떻게 되었을까?

생각해 봐도 방법은 없었다. 그러나 나는 언제나 찾으려고 했다. 내 마음의 그늘을 전부 비춰 사라지게 할, 따뜻한 빛을.

'엄마.'

I was born…… 나는 이렇게 태어나게 된 것이었다.

2 폭주, 그리고 파멸

어른들의 세계

그 날을 기점으로, 내 마음에는 커다란 변화가 일어났다. 그 때까지 자신을 감싸고 있었던 증오는, 사회 그리고 어른들의 세계로 향하게 되었다. 부모도 선생도, 그리고 그 때까지 진실을 말해 주지 않았던 할아버지와 할머니도, 위로 해 주려 했던 친척도, 마을을 걷는 사람들도, 모두 내 증오의 대상이 되었다.

이 사회는 전부 '어른들의 형편'에 맞게 운영되고 있었다.
제멋대로 사랑을 하고, 제멋대로 애를 낳고, 제멋대로 이혼하고, 제멋대로 재혼한다.
가족 여행의 목적지도, 학교의 규칙도, 배우는 시간도, 올바르다고 하는 가치관조차도, 전부 '어른들의 형편'에 맞게 결정된다.

어른들의 형편에 맞게 잘 따르는 아이들은 '귀여움'을 받고, 어른들의 의향을 잘 따르지 않는 아이들에게는, '다 너희들을 위해서야'라는 대의명분을 내세워 질책한다.

어른들이 내뱉는 모든 말들이 기만에 가득 차 있는 것처럼 느껴졌다. 중학교에 들어갈 때쯤, 난 내 자신을 지키기 위해 단단한 이론 무장을 시도했다. 가정은 부모를 위한 것이며, 교육이란 부모와 교사가 바라는 것을 주입하는 것이다. 학교란 곳은 어른들의 입장에서, 다루기 쉽고 장래에 자신들의 사회에 활용할 수 있는 인간을 육성하는 장소다.

나는 어른들에게, 더욱더 귀엽지 않은 '아이'가 되었다. 그리고 그런 귀엽지 않은 아이에 대해, 어른들은 점점 더 분노하기 시작했다.

"애정이 있기 때문에, 기대하기 때문에 네게 화를 낸다."

어른들의 이런 말에 난 웃음이 났다. 그리고 신체적으로 성장하고, 어른들의 폭력으로는 더 이상 나를 억누르는 것이 불가능해졌을 때, 어른들은 나를 피하기 시작했다. 그렇다고 화내는 것이 없어진 것은 아니었다. 하지만, 내가 커 갈수록 어른들은 내게 화내지 못하고 미소 짓기 시작했다. 조금은 슬펐다.

불량 소년의 탄생

유치원 시절, 내 마음에서 자라던 사악한 싹은 착실히 성장했고,

물을 것도 없이 꽃을 피웠다. 어른들의 행동과 사고의 원리 등을 파악해 약점을 냉정하게 관찰하고 차근차근 이론 무장을 해 나갔다.

중학교에 올라오면서 나는 모두에게 내 자신을 드러내고, 주목받고 싶다는 욕구가 강하게 생겼다. 초등학교 시절, 폭력 외에는 친구들을 붙잡을 방법이 없었던 '혐오스런 놈'이었던 내가 다른 모두에게 나를 드러내고, 간단하게 사람을 위협할 수 있는 방법은 바로 '불량한 옷차림'이었다. 이것처럼 손쉽게 상대방을 위협하는 방법은 없었다.

같은 학년의 또래들보다 1년 가까이 늦게 태어난 143센티미터의 중학교 1학년생인 나는, 머리카락을 탈색하고 교복을 손질해 몸에 꽉 달라붙게 입고는 동네를 활개치고 돌아다녔다.

같은 반 친구들은 나에게 놀란 눈빛이었다. 그리고 그들은 나를 두려워하면서 공손한 태도로 대했다. 약간 외롭기도 했지만, 그 이상으로 자랑스러운 기분이 들었다.

그러던 어느 날 점심 식사 시간, 늘 '군'이란 호칭을 붙이면서 내 비위를 맞추던 같은 반 친구가, 그 날은 자신에 넘쳐 깔보는 듯한 태도로 내게 다가와서 말했다.

"어이, 요시이에! 선배들이 불러. 선배들이 굉장히 화가 난 것 같던데."

어른들처럼 약한 것을 깔보는 듯한 친구의 태도 때문에 토할 것 같았다. 그런데 그 때는 나에게 정말 위기였다. 건방진 태도와 복장이 선배들의 눈에 거슬렸고, 분노를 샀던 것이다. 나는 묵묵히 따를 수밖에 없었다.

나는 선배를 따라 테니스부 서클실로 갔다.
"들어가."
위압적인 말에 싸늘함이 감돌았다. 나는 곧바로 서클실로 들어갔다. 정면 의자에는 펀치 파마에 듬성듬성 콧수염을 기른, 리더 격인 선배가 무게 잡고 앉아 담배를 피우고 있었다. 그 연기는 창문으로 스며든 빛을 받아서인지 보랏빛이 덧 씌어진 흰색처럼 보였다.
그 주위에는 나를 불러낸 선배를 포함해 4명이 서 있었다. 모두 나를 위협하기 위해서인지 동시에 담배에 불을 붙였다. 서클실 밖에는 몇 명이 망을 보고 있었다.
나는 무서웠다. 떨고 있었다.
공포가 무엇인지 확실히 알 것 같은 느낌이었다.
143센티미터 키에 아직 변성기도 끝나지 않은 작은 불량 소년에게는 공포라고 밖에 달리 말할 수 없는 순간이었다. 어쨌든 키가 170센티미터가 넘는, 머리에 파마를 하고 담배를 피워 대는 선배들에게 둘러싸여 숨소리조차 제대로 내지 못하고 두려움에 떨고 있었다. 아니, 숨소리 내는 것조차 불가능했다.
이해하기 쉽게 상황을 설명하면, 지금 내 신장이 170센티미터인데 불려 간 곳에는 2미터가 넘는 근육질의 격투기 선수들이 분노에 휩싸인 채 나를 기다리는 형국이었다.

리더 옆에 서 있던 선배가 내게 말했다.

"너 도대체 어떻게 할 셈이야?"

두려움에 떨고 있던 나는 선배의 질문에 대답할 수 없었다.

"병신 새끼!"

순간 선배의 주먹이 날아 들었다. 그리고 머리채를 잡아채곤 똑같은 질문을 했다. 그러나 나는 어떻게 대답해야 좋을지 몰라, 입만 우물거릴 뿐이었다.

"너, 우리를 놀리는 거냐!"

이 말과 함께 무수한 주먹과 발길질이 엄습해 왔다.

테이블 위에 쓰러져 웅크리고 있는 나를, 선배들은 다시 머리채를 잡아 일으켰다. 그리고 또다시 패기 시작했다. 뭐라 표현할 수 없을 정도로 고통스러웠다.

도대체 얼마나 구타가 계속된 것일까. 중학교 서클실 안에서 벌어진 상황이 과연 현실인지 꿈인지조차 분간할 수 없었다. 그런 상황에서도 나는 초등학교 시절, 부모에게 꾸중 듣던 상황처럼, 선배들의 질책이 끝나기를 그저 기다릴 수밖에 없었다.

'이런 일이 처음도 아니잖아, 이런 일이 처음도 아니잖아, 이런 일이 처음도 아니잖아.'

이런 생각을 주문처럼 몇 번이고 반복했다.

코피가 흐르기 시작했고, 입안이 너무나 썼다. 머리카락이 전부 뽑힌 것 같은 느낌이 들었다.

선배들의 숨소리도 가빠지기 시작했다.

"이 자식, 1학년치고는 꽤 근성이 있는데."

누가 말했는지 잘 모르겠지만, 선배 중에 한 명이 얼굴이 피로 범벅이 된 나에게 그렇게 말했다.

"어?"

나는 무슨 말을 하는 건지 이해할 수가 없었다. 그 당시 나에게 근성 같은 것이 있을 턱이 없었기 때문이다. 두려움 때문에 목소리를 낼 수 없을 정도로 무서웠을 뿐이다. 그런 나에게 선배는 계속해서 말했다.

"마음에 들었다. 너, 우리 멤버에 끼워 주지. 1학년은 네가 맡아라."

리더 격인 선배가 나에게 '세븐 스타' 담배를 내밀었다. 나는 영문도 모른 채 선배가 내민 담배를 받아 들곤 태어나서 처음으로 담배를 피웠다.

쿨럭쿨럭 기침을 해대면서 담배를 피우고 있는데, 한 선배가 머리를 가볍게 치면서 말했다.

"너, 진짜 근성 있는 놈이야. 끝까지 울지 않았잖아, 대단해."

더 이상 때리지 않을 것이라고 생각했기 때문일까, 그 말이 기쁘게 느껴졌기 때문일까, 알 수는 없지만 어쨌든 왈칵, 하고 눈물이 흘러내렸다.

"바~보. 이제 울잖아."

"흑흑……."

나는 훌륭하게 불량 소년의 한 사람으로, 정식 데뷔를 한 것이다.

만월

나가노 시가지에서 차로 30분 거리의 변두리. 주택가를 벗어나 사과밭과 논이 넓게 펼쳐진 이 곳은 아무런 자극도 변화도 없는 마을이다. 더부살이처럼 있는 파출소는 밤이 되면 늘 비어 있었고, 파출소의 안쪽에 위치한 안채에서는 행복하고 즐거운 듯한 불빛이 흘러나왔다. 이런 동네가 우리들의 세계였다.

동네에서도 가정에서도 학교에서도, 튀려고 무리해서 오각 자세로 호주머니에 손을 넣고, 공격적인 자세를 취하고 있는 우리들은 분명 '이단아'였다. 촌 동네의 평화로운 풍경은 우리들의 모습을 더 두드러지게 만들었다.

한밤중에 집을 나와 선배들과 여기저기를 기웃거리며 다녔다. 패밀리 레스토랑에 몰려가 커피 한 잔을 시켜 놓고 아침까지 버티기도 하고, 스쿠터에 3명이 올라타고 논두렁길에서 경주도 했다. 근성 테스트로 이름 붙인, 항문에다 로켓 모양의 폭죽을 집어넣고 불을 붙이는 짓도 했다. 시험 전에는 모두 모여서 공부 모임을 가졌다. 공부 모임은 늘 에로 비디오를 감상하는 것이었다.

누군가가 싸움에서 지면, 모두 복수하러 갔다. 그런데 상대가 너무 강적이어서 모두가 땅에 엎드려 머리를 조아리고 돌아온 적도 있었다.

우리들의 관심사는 무엇보다 여자, 오토바이, 그리고 심심풀이로 애들을 혼내 주는 것이었다. 꿈처럼 느껴졌다. 계속 이런 시간이 계속되면 좋을 것만 같았다. 마음속으로 그렇게 생각했다. 정말로.

어쩌면 우리들은, 어떤 의미에서 다른 애들에 비해 약했는지도 모른다. 그런 약함을 메우기 위해 패거리가 되었는지도 모르겠다. 제2차 베이비붐 세대의 경쟁 안에서, 우리들은 그런 경쟁으로부터 이탈했다. 패배한 것이 아니라 이탈한 것이라고 스스로를 타일렀다.
언제나 사고뭉치였던 선배의 집에서 나는 선배의 부모를 본 적이 없었다. 고등학교 입시를 코앞에 둔 어느 날, 선배는 술을 마시면서, "나는 고등학교에 안 갈 거다. 우리 집은 부모가 없는 거나 마찬가지라서……." 하며 울었다. 나도 마시지도 못하는 술을 애써 마시며, 가족 이야기를 하면서 같이 울었다.

어른들로부터 이단아로 찍힌 우리 패거리들은, 있을 수 없는 것을 보기라도 한 듯 눈쌀을 찌푸리는 어른들을 비웃었다.
'불량'이란 도대체 어떤 인간을 말하는 것일까? 우리들이 그렇게도 나쁜 짓을 하는 것일까? 우리들은 자신의 보신을 위해 아무렇지도 않게 사람들을 괴롭히는 사람들보다도 못한 존재들인가? 우리들은 스트레스 해소를 음습하게 하는 모범생들보다 형편없는 존재들일까? 당신들에게 반항하기 때문에 '불량'이 된 것인가?
어느 사이에 나는 어른들을 무시했다.

선생이란

　선생이란 인간들은 우리에겐 정말로 짜증나는 족속들이다. 그 당시 내가 선생에 대해 생각했던 것은 바로 그런 느낌이었다. 차라리 본심을 그대로 드러내는 아버지가 나은 편이다.

　아침부터 교문에 서서, 죽도를 쥐고 근엄한 얼굴로 서 있는 선생, 당신은 입시 전쟁에서 살아남아 선생이 된 엘리트지. 그런데 그렇게 불량한 모습을 하면 되겠는가?
　학생들이 떠들던 졸고 있던 상관하지 않고 담담하게 수업을 하는 선생, 당신은 그러고도 즐거운가? 그런 당신에게 희망과 미래를 바라보고 있는 학생들에게서 엄청난 불행을 느끼는 것은 단지 나뿐일까?
　햇병아리 선생 때 만든 강의 노트 하나에 자부심을 갖고 수십 년을 우려먹는 선생, 당신은 학생들이 그 기간 동안 엄청나게 변했다는 것을 아는가, 모르는가?
　수업 시간에는 학생들 앞에서 근엄한 모습으로 무게 잡다가 방과 후 서클 활동 시간에만 기가 살아 뻐기는 선생, 당신은 자신의 말을 듣는 학생들 앞에서만 기운이 넘치고 있다는 것을 아는지.
　함부로 우리들의 비위를 맞추려고 하는 선생, 당신은 우리에게 말하지. "너희들의 기분을 이해한다"고. 담배를 피워도 꾸짖지 않고 납득한다는 표정을 짓고 있는 당신이 어떻게 우리들의 기분을 이해할 수 있을까? 교무실에서 당신은 다른 선생들에게 득의만만한 표정으로 말하겠지. "그 녀석들 전부 내 손안에 있지."라고.

다 알고 있다. 그래도 조금은 마음의 문을 열었었는데.

꼭 선생들의 나쁜 점만을 보지 않으려고 노력한 적도 있었다. 그러나 진정한 이해가 있으려면 함께 시간을 나눌 수 있어야만 한다. 중학교 시절, 선생과 접했던 기억은 수업과 운동회, 그리고 설교를 들었던 기억뿐이다. 나는 '참다운 선생'들을 몰랐다. 모르는 사람들을 따라가면 안 된다. 어린 시절부터 몇 번이고 들었던 말이다.

선생들에게만 한정된 것이 아니라, 어른들 모두 자신들의 마음은 열지 않으면서 아이들에게 마음을 열고 얘기해 보라고 요구했다. "너희들을 이해하고 싶다." "걱정하지 말고 무슨 이야기든 해 봐라."라고 하면서. 만약 진정으로 그렇게 생각하고 있다면 먼저 자신을 속속들이 드러내야 한다. 오늘날 선생이 완벽한 인간이라고 생각하는 사람은 없다. 물론 어른들을 만능이라고 생각하는 아이들도 없다.

부모가 이혼한 사실을 알고 난 후, 어른들은 그런 상황에 처한 나를 북돋워 주려고 애썼다. 내 주변에는 그런 어른들이 참 많았다. 모두들 나를 다정하게 대했다. 한결같이 부드러운 말로, 다시 말해 '변화구'로 다가왔다. 무방비였던 나는 그들의 변화구에 항상 마음이 동요되었다.

그런 순간에 그들은, "그런데 말이야……." 하면서, 지루한 설교를 시작했다. 언제부턴가 그런 어른들의 말을 들으면 다음 말을 예상할 수 있었고, 대체로 그랬다.

과장되게 사람의 마음을 장악하는 방법론만을 배우고 써먹는 어른들, 그리고 의심하는 것 외에는 방법이 없었던 서글픈 나.

학교라는 사회

집에서도 있을 곳은 없었다. 집이 편하지 않았던 나에게, 학교와 방과 후에 내가 속해 있던 세계는 꼭 지켜야만 하는 공간이었다. 만약 하루 종일 집에 있어야 했다면 나는 미쳐 버렸을 것이다.

나는 학교라는 곳에서 편하게 지낼 수 있는 처세술을 서서히 몸에 익혔다. 그 처세술이란 것은 무엇이든 좋으니 첫째가 되는 것, 그리고 공부를 하는 것이었다.

초등학교 시절, 반에서 성적이 톱인 우등생과 같이 사고를 친 적이 있었다. 당연한 일이겠지만 다음 날 우리는 교무실로 불려 갔다.

"몇 번을 말해야 알겠니!"

선생은 얼굴이 새빨개진 나에게 불 같이 화를 냈고, 뺨을 갈겼다. 나는 울었다. 그럼에도 별 다른 방법이 없었고, 잘못을 빌어야 했다.

그리고 오히려 사고의 주범이었던 우등생에게 선생이 말했다.

"너, 왜 이런 일에 얽혀서 문제를 만드니! 선생님 실망하게."

도저히 믿을 수 없는 말이었다.

우등생은 울면서 선생에게 잘못했다, 며 사죄했다.

나는 그 때 절실히 깨달았다. 학교란 곳은 공부가 가치 판단의 기준이란 것을. 학교에서 말하는 '인간의 가치는 공부가 아니다.'라는 선생의 말은 거짓이라는 것을 알았다.

나는 공부를 했다. 시험 전에는 죽을 각오로 아침까지 했다. '공부를 잘하는 불량'은 나의 새로운 전략이었다. 그리고 선생들은 생각한 대로 나에게 호의적이었다.

"너희들은 이렇게 끝날 사람들이 아니다."

당신들을 계속해서 무시하는 내가, 만약 공부를 못했다면, 과연 이렇게 말했을까?

무시

즐거웠던 시간은 앗, 하는 순간에 지나갔고, 나에게 다양한 것을 가르쳐 줬던 선배들은 졸업을 했다. 그리고 다시 학교에서 시련을 맞게 됐다.

졸업한 3학년 선배들과 관계가 좋았던 나는, 한 학년 위인 선배들에게 꽤 불손한 태도를 보인 적이 많았다. 3학년 선배들이 학교에 있었을 때에는 나의 이런 태도가 문제가 되지 않았다. 그러나 선배들이 졸업하자, 난 요주의 인물이 돼 버렸고, 그에 걸맞은 경험을 해야만 했다. 어떤 일을 당한다고 해도 무서울 것은 없었다. 그러나 그것은 상상 이상의 잔혹함으로 나에게 돌아왔다.

나에게 피해를 줄 경우 졸업한 선배들이 뜰 수도 있다는 것을 염두에 둔 한 해 위 선배들은, 자신들에게 피해가 돌아오지 않을 방법을 찾아냈다. 그것은 바로 내 동급생들로 하여금, 나를 '괴롭히도록' 하는 방법이었다. 몇 번이고 말했지만 나는 사람들에게 혐오스런 놈이었다. 늘 공손하게 굴었던 동급생들로서는, 선배로부터의 제안이 꽤 즐거웠을 것이다. 입장은 한 순간에 역전되었다. 나는 연일 동급생들에게 괴롭힘을 당하는 상황이 돼 버렸다. 졸업한 선배들에게는 말하지 않았다. 이런 졸렬한 상황을 말할 이유는 없었다. 그러나 벗어날 길이 없었다. 리더인 동급생은 방과 후에 내가 혼자되는 것을 기다렸다가 나를 두들겨팼다. 그리고는 그 동급생은 이전처럼, 공손한 말투로 나에게 말했다.

"방법이 없다. 널 괴롭히지 않으면, 우리들이 괴로워져. 더 이상은 이런 일 없을 거야. 용서해라."

나는 불끈 쥔 주먹을 펴고, 적적한 기분으로 학교를 나섰다.

그리고 다음 날, 나는 어제 내게 폭력을 휘둘렀던 동급생을 방과 후 복도에서 만났다.

"너, 어제 OO를 괴롭혔다며? 그게 무슨 짓을 한 건지 알고는 있겠지."

동급생들은 선배들에게 다시 지시를 받았는지, 아니면 나를 괴롭

혀도 졸업생들이 나타나지 않기 때문에 안심해서인지, 나에게 또다시 폭력을 행사했다.

방과 후 복도, 같은 학년 애들은 아무 일도 일어나지 않았다는 듯이 천연덕스럽게 내 옆을 지나칠 뿐이었다. 나타난 선생들도 "뭐, 자식들이 좀 놀았군." 하는 정도로 생각하곤 교무실로 돌아갔다.

나는 온몸에 힘이 빠지는 것을 느꼈다. 자신을 지키기 위해 죽을힘을 다해 몸부림쳤던 이 장소는 엿 같은 어른들과, 엿 같은 어른들의 예비군을 위한 엿 같은 장소일 뿐이었다. 바보 같은 느낌이 들어서, 난 웃으면서 그들의 폭력에 몸을 맡겼다.

이런 일이 몇 차례에 걸쳐 반복되던 어느 날, 갑자기 폭력이 멈췄다. 나중에 알게 된 일이지만, 그 일이 졸업생들의 귀에 들어가서, 그들을 화나게 했다는 소문이 퍼진 게 원인인 듯 했다. 조금은 놀랐다.

그러나 그 후에, 더욱더 가혹한 시련이 기다리고 있었다.

혹시 '무시'라는 말을 알고 있는가? 이 말에는 집단적으로 한 사람을 철저하게 따돌린다는 의미도 포함되어 있다.

폭력이 멈추고, 나를 기다리고 있었던 것은 같은 반 동료들 모두의 '무시'였다. 싫은 놈이지만, 졸업한 선배들이 뒤를 봐 주고 있기 때문에 손을 쓸 수가 없으니 모두 무시하자. 이런 식으로 선동한 놈은 초등학교 시절부터 함께 지냈던 같은 반 친구 중의 한 명이었다.

어쨌든 대단했다. 40여 명이 있는 교실 안에서, 나란 존재는 존재하지 않는 것처럼 완전히 말살당했다. 그 단결력, 양심을 가진 사람들까지 따르게 만드는 그 영향력. 대단하다는 말밖에 나오지 않았다.

"그 녀석과 말하면, 너도 무시당한다."

이런 말의 속박에 모두들 걸려들었다. 이 정도까지 고립된다는 것은, 그 누구에게도 공포였을 것이다. 그리고 그 정도로 나란 존재가 혐오스런 대상이었다.

외톨이가 된 나에게 선생은 말했다.

"요즘 들어 기운이 없어 보인다. 서클 활동이라도 하는 게 어떻겠니?"

'당신 뭘 보고 있는 거야.'

지옥이었다. 정말로 지옥이었다. 나는 집에서도, 학교에서도 있을 곳이 없었다. 그러나 아무리 힘들어도 학교를 빠지지는 않았다. 학교에 있는 것도 지옥이었지만, 집에 있는 것도 지옥이었기 때문이었다.

절망 끝에 나는, 선배들에게 부탁해서 촌 동네를 빠져 나와 번화가의 불량스런 세계에 발을 들여놓게 되었다.

"나는 여기에 있다……."

거리의 풍경

선배들을 따라서 처음 갔던 주말의 번화가. 술에 취한 샐러리맨,

떠들썩한 대학생들, 화려하게 차려입은 아름다운 여자들, 그리고 우리. 다양한 욕망이 꿈틀거리는 번화가는 학교라는 볼품없는 공간에서는 결코 볼 수 없는 여러 모습들을 내게 보여 주었다. 소설 속에서나 나올 법한 세계였다.

밤거리에서 소년들이 만들어 놓은 그들만의 세계. 그 곳에는 지금까지 텔레비전에서나 볼 수 있었던 것이 당연한 것처럼 존재했다. 욕설, 폭주족, 매춘, 약물, 야쿠자, 사회 문제로 취급되는 그 모든 것이 번화가란 공간에 응축되어 있었다.

중학교 3학년이었던 나는 이런 휘황찬란함에 압도되었고, 그 곳에 모인 사람들에게 두려움을 느꼈다. 존경하던 선배도, 여기에서는 단지 어린애였다.

그럼에도 난, 매주 그 곳을 찾았다. 나의 일상을 변화시킬 수 있을 것 같은 자극만을 필사적으로 추구했다. 모두 문제가 있었다. 가정과 학교와 일반적인 삶에서 쫓겨나 상처를 받은 사람들. 서로의 상처를 아플 정도로 이해했기 때문에, 알지 못하는 사이에 친구가 되었다. 선배 오토바이 뒤에 타고 폭주족 집회에도 참가했다. 사회의 규칙을 정면으로 거부하고, 경찰 따위도 비웃는 폭주는, 내 마음을 메워 줄 정도는 아니었지만, 일상을 망각하기에는 충분했다.

어릴 때부터 저금한 돈으로, 나는 거리에서 만난 선배에게 8만 엔을 주고 오토바이를 샀다. 펄이 있는 하얀색, 나만의 날개. 훔친 오토바이인가, 아닌가 하는 문제는 상관없었다. 휘발유는 훔치면 그만이었다.

나는 진짜 불량 소년이 되었다.

고등학교 입학

시간은 어김없이 흘러갔다. 집에서는 이미 망나니가 되어 있었다. 초조했던 나는 동생을 패고, 누나를 패고, 어머니를 계단에서 밀어 버리고, 너클(격투할 때 손가락 관절에 끼우는 쇳조각.―옮긴이)을 손에 끼고 아버지를 때려서 입원시키기도 했다. 그리고는 그런 행동을 '복수'라는 이름으로 정당화했다.

고등학교 입시 전인 1월, 나는 학원의 겨울 특강에 간다고 할아버지에게 돈을 타서 학원 특강에는 한 번도 가지 않고, 그 돈을 유흥비로 썼다. 아버지는 이런 나를 병원의 정신과에 데려갔다. 그러나 그 곳에서 상담을 맡은 정신과 의사를 보고 '인간쓰레기'라고 놀려서 의사를 화나게 했다.

나의 충동적인 폭력은 그 누구도 말릴 수가 없었다.

밤거리에서 내 모습을 알지 못하는 중학교 담임은 성적이 비교적 좋았던 나에게 열심히도 인문계 고등학교 시험을 보라고 권했다. 그다지 좋은 학교는 생각할 수 없었지만, 상황에 맞게 시험을 치렀고 합격했다.

"진학하면, 좀 바뀌겠지."

기뻐했던 사람들은 어른들이었다.

나는 소년 시절, '보통'이란 단어를 너무나 싫어했다. 왜냐하면, 나는 '보통'이란 사람들의 시선에 자기를 맞추는 것으로 생각했기 때문이다. 우리 집도 처음에는 누가 봐도 '보통'의 가정이었다. 애들을 선동해서 나를 끝까지 무시했던 중학교 시절의 같은 반 녀석도, 세상에서 말하는 '보통'의 중학생이었다. 아마 지금까지도 '보통'의 삶을 살고 있을 것이다.

이런 의미에서 내가 입학했던 고등학교는 학군에서 성적이 세 번째 정도인 인문계 고등학교로, 놀라울 정도로 '보통'인 학교였다. 그렇기 때문에 끔찍스러웠다. 그런 눈높이에 맞춘다는 것이 지긋지긋했다. 그래서 '이 학교에서는 최고가 돼야지.' 하고 마음을 먹었다.

입학해서 눈에 띄는 동급생과 닥치는 대로 인연을 맺었다. 같은 중학교에서 온 녀석들은 나의 튀는 행동을 의아스런 눈길로 주시했지만, 나는 그만 두지 않았다.

3학년 선배, 2학년 선배에게도 확실하게 말했다. 그런 다음 마음에 들지 않는 선배도 표적으로 삼았다.

전부 나의 두려움에서 시작된 행동이었다. 1년이 지나자 나는 최고가 되었다. 거리에서의 영향력을 배경으로 상급생들의 무대에서도 활개 치던 나는 가장 싫어했던 보통이라는 의자 위에서 두려움에 떨며 앉아 있는 왕이었다.

빛바랜 세계

학교에서의 불안정한 생활과 재미없음은 나를 밤의 번화가로 향하게 했다. 내 오토바이는 연일 밤거리를 질주했다. 그토록 두려웠던 번화가의 퇴폐적인 풍경은 어느 새 내 일상의 풍경으로 변했다.

돈이 필요하면 협박을 했고, 여자가 필요하면 꼬드겼다. 여유가 생기면 친구 집에서 시너를 들이마시곤 했다.

고독 이상 무서운 것은 이 세상에 없었다. 집단 따돌림을 경험했던 중학교 시절의 고통스런 기억은 항상 나의 행동을 더 거칠게 했다. 강해지지 않으면 안 된다. 최고가 되지 않으면, 아무런 의미도 없다. 그러기 위해서는 무엇보다 사람들에게 알려져야 한다. 좀더, 좀더, 인정받아야만……. 사람들에게 알려지기 위해서, 나는 야쿠자에게 시비를 걸기도 했다. 자동차로 납치당해 두들겨 맞고 산 속에 버려진 적도 있었다. 그러나 그런 경험은 무용담이 되어서 밤거리에 퍼졌다.

어느 날 밤, 거리의 권력자 '보쿠타(가명)'라는 인물을 만났다. 보쿠타는 내가 싸움을 걸었던 광역 폭력단에 몸담고 있는 30대의 야쿠자였다. 뭔가 음험하고 살벌한 분위기를 풍기고 있었다. 친구들 이야기로는 몇 개의 술집을 경영하며 매춘을 알선하고 돈을 갈취한다고 했다.

그들이 싸움을 걸었던 장소는 패밀리 레스토랑의 주차장이었다. 모여 있던 패거리들은 사과를 하고 걸어가는 나를 세웠다. 그러나 나는 멈추지 않았다. 그리고 가까운 중학교 운동장에서 나는 서 있을 수가 없을 정도로 두들겨 맞았다.

"너, 우리가 무섭지 않냐?"

보쿠타가 나에게 물었다.

"무서워요, 죽을 정도로 아파요."

나는 솔직하게 대답했다.

마지막에는 배를 강하게 발길로 차였다.

나는 의식을 잃었다.

다음에 만난 것은 6개월쯤 뒤였다. 보쿠타는 웃으면서 나에게 다가왔다.

"어이, 오늘은 술집에 데리고 가 주지."

패거리들은 말렸다. 그러나 나는 그들과 같이 가게 되었다. 이것으로 나는 더욱더 강한 사람이 된 것 같은 기분이었다.

이야기를 들으면 들을수록 무서운 사람이었다. 10대의 대부분을 소년원에서 보냈다. 예리한 눈빛은 언제라도 눈 하나 깜짝 않고 사람을 찌를 것 같은 살기가 감돌았다.

그 날 보쿠타의 부하들도 소개받았다. 학교에서 소문으로만 듣던 전설적인 인물도 그 곳에 있었다.

내가 다니고 있던 고등학교의 이름을 밝히자 다들 놀랍다는 표정을 지었다. 이제부터 야쿠자들도 머리가 좋아야 한다고 말을 해서 웃었다.

마시지 않는 술을 실컷 마시고 나자, 부하 중의 한 사람이 검고 얇은 플라스틱 상자를 건네주었다. 속에는 모조 반지와 목걸이가 들어 있었다.

"오늘 술값이다. 다음 주까지 한 개에 5,000엔씩 팔아서 돈을 가져와라. 도망가면 어떻게 되는지 알고 있겠지." 하고 말했다.

무슨 말인지 이해하지 못하고 보쿠타를 쳐다보았다. 보쿠타는 나를 무시하고 돌아갔다. 방법이 없어서 상자를 갖고 나왔다.

어쩔 수 없는 것을 받아오고야 말았다. 반지와 목걸이는 20개가 들어 있었다. 모두 10만 엔이었다. 팔지 못하면 나는 죽을지도 몰랐다. 친구들에게 모조임에도 진짜라고 거짓말을 해서 팔았다. 그러나 아무리 팔아도 적이 많은 내가 20개를 전부 파는 것은 애당초 불가능했다. 친구들 또한 팔라고 요구받은 모조품의 재고를 왕창 가지고 있었다.

도저히 방법이 없었던 나는, 할아버지에게 부탁해서 7만 엔을 빌렸다. 할아버지는 울고 있었다. 단지 울고만 있었다. 그런 할아버지를 보고, 나도 오랜 만에 울었다.

돈을 가져가면 보쿠타는 기뻐했고, 그리고는 내게 당연하다는 듯이 말했다.

"한 번 더 부탁 좀 하자."

이렇게 말하고는 어둠 속으로 사라져 갔다.

온 힘을 다해 몸부림치며 다달은 밤거리. 나가노 시의 불량배들이 모여 있는, 자유롭고 자극적인 이 장소 또한 '어른들의 형편'에 의해 관리되고 있었다. 언뜻 자유스러워 보이지만, 그런 자유를 관리하고 있는 것은 역시 어른들이었다. 결국 나의 환상이었다. 환상이었음을 알고난 후, 거리의 네온이 급속도로 빛바래 보였다.
"나는 가고 싶다. 어디로 가야 좋을까?"

추방

인문계 고등학교는 어떤 의미에서 단순했다. 그것은 '성적이 좋다'는 것이 가장 우선시 된다는 점 때문이다. 초등학교 시절에 스스로 느낀 기만적인 느낌은 이 곳에는 없었다. 성적만 어느 정도 나오면, 정학 정도는 당할 수 있지만 퇴학은 불가능했다. 정확히 말하면 퇴학당하기 어려웠다. 이런 면에서, 나는 빈틈이 없었다.

그러나 그런 상황 속에서도 결코 해서는 안 될 일을 나는 하고 말았다. 그것은 교사에 대한 폭력이었다. 이런 일이 통용된다면, 학교라는 조직은 붕괴되고 말 것이다. 어떤 이유가 있어도 허락되지 않는 것은 자명했다. 그럼에도, 나는 그런 짓을 하고야 말았다.

당시, 나는 한 여학생과 사귀고 있었다. 내게는 처음으로 착실하게 사귀던 여자였다. 영화를 보러 가거나, 같이 하교하거나, 카페에 가곤 했다. 아무것도 아닌 것이 나에게 커다란 행복을 느끼게 했다. 정말로 좋았다.

어머니에게 사랑이란 것을 배우지 못했던 나였지만, 마음을 전달하는 방법을 상당히 진지하게 모색했다.

그런데 어느 날 담임이 그 여학생을 불렀다.

"너는 왜 요시이에 같은 불량한 녀석과 사귀는 거지? 그 녀석에게는 나쁜 소문이 있어. 불순한 이성 교제 같은 것은 없었니? 이 상태로 계속 가면, 네 앞길에 문제가 될 거야."

담임에게 이런 말을 들은 그녀는 충격을 받고 조퇴를 했다. 학교에 지각한 나는, 그녀의 친구에게 자초지종을 들을 수 있었다. 응징하고 싶었다.

나에 대해서는 어떻게 말하더라도 상관없다. 불량이란 간판이 이미 붙어 있었기 때문에 그렇게 말하는 것이 당연했다. 그러나 그녀에게 상처를 주었다. 협박과 다름없는 그런 말을 나는 절대로 용서할 수가 없었다. 나는 자신의 안위를 위해서라면 무엇이든 하는, 나를 무시한 보통의 인간들과는 다른 날카로운 이를 가진 불량 소년이었다. 나는 칠판을 지우고 있던 담임의 머리채를 난폭하게 움켜쥐고 가지고 있던 라이터로 불을 붙였다. 불은 기름기가 있던 머리카락을 타고 올라 흰 연기를 내뿜었다.

영문도 모른 채 동요하는 담임, 흥분해서 숨이 가빠진 나. 계속해서 손에 잡히는 대로 의자며 책상이며 담임에게 집어던졌다.

끝났다. 그 장소에서 모든 것이 끝났다. 그렇게 생각했다. 그 사건을 둘러싸고 연일 교직원 회의가 열렸다.

학생들은 나를 위해서라기보다는 인기가 있던 그 여학생을 위해서 나를 퇴학시키지 않았으면 좋겠다는 서명을 학생 전원에게 받아서 교장에게 제출했다.

그러나 최종적으로는, 예상했던 결과가 나를 기다리고 있었다.

'진로 변경 처분'

이 말을 얼마나 많은 사람이 알고 있을까? 매년 10만 명 이상의 학생들이 고등학교를 중퇴하고 있지만, 중퇴에는 3가지 종류가 있었다. 하나는 강제 퇴학 처분, 직원 회의의 결정에 따라 강제로 제적당하는 처분이다. 두 번째는 자퇴, 개인적인 이유로 퇴학 신고서를 학교에 제출하는 '중퇴'를 말한다. 강제 퇴학 처분의 많은 경우는 학생의 미래에 불이익이 가지 않도록 해당 학생이 퇴학 신고서를 제출하는 자퇴란 형태를 빌리는 경우가 일반적이다. 고등학교 중퇴자의 대부분은 이런 형태로 학교를 그만두는 것이다.

그리고 세 번째가 나에게 내려진 '진로 변경 처분'이다. 겉으로는 이 학교에서는 더 이상 학교 생활을 계속할 수 없지만, 다른 학교에 가기를 희망하는 경우에는 학교에서 전학할 수 있도록 서류를 만들어 주겠다는 처분이다.

나가노 시는 예전부터 '교육'으로 유명한 도시다. '교육' 도시라는 이미지 때문인지, 아니면 나보다 더한 사고를 치고도, 학교의 명예를 위해 숨긴 것인지는 모르지만 공립 고등학교에서 내가 사고를 치기 전까지 한 명도 강제로 퇴학당한 학생은 없었다.

나는 학교의 입장에서 보면 굉장히 곤란한 경우였다. 왜냐하면 퇴학을 당해 집에 틀어박혀 있는 상황을 곤혹스러워했던 부모님은 "자퇴는 절대 안 되고, 학교를 그만두게 할 거라면 선례가 없는 '강제 퇴학'을 시켜 달라."(가능할 수가 없는)면서 보수적인 학교의 방침에 맞섰다. 학교로서도 양보할 수 있는 상황은 아니었지만 가족을 지켜야만 했던 아버지는 필사적이었다.

몇 번이고 논의를 거듭한 끝에 학교가 제시한 해결책은 '진로 변경 처분'이었다. 본교가 아니라면 어느 학교든 전학을 희망하는 경우 서류를 발행해 주는 것으로 말만 살짝 바뀐 것이었다.

당연한 일이지만 수업은 받을 수가 없었고, 집에 있는 것 외에는 딱히 방법이 없었다. 이렇게 되면 수업 일수가 모자라 유급될 수밖에 없었고, 2년 간 유급되면 자동으로 제적이었다. 유급은 학생 사정에 의한 것이기 때문에, 놀랍다고 한다면 놀라운 장치였다. 제2차 베이비붐 시대에 고등학교를 둘러싼 상황은, 출산을 기피하는 현재의 상황과는 너무나 달랐다. 어느 학교에도 학생들이 넘쳤다. 통신제, 단위제 고등학교 등은 전혀 정비되지 않아서 '전학'은 사실 '그림의 떡'일 뿐이었다.

이런 처분에서 빠져나갈 방법은 없었기 때문에, 나는 고등학교에 다니는 것을 포기할 수밖에 없었다.

아버지는 내가 학교에 가지 않고 집에서 빈둥거릴까 봐 매우 불안해했다. 만약 그런 상태가 돼 버리면 가족은 완전히 붕괴될 것이기 때문이었다. 가정을 책임진 아버지는 최선의 방법을 모색했다. 그리고 다양한 기관에서 나에 대한 진로 상담을 한 끝에 마지막 결단을 내렸다.

그것은 나를 '아동상담소'에 위탁하는 것이었다.

자존심이 강한 아버지에게 이런 결단은 너무나도 굴욕적인 것이었지만, 그만큼 절박한 상황에 몰려서 내린 결단이었다.

결국, 이렇게 해서 나는 '가정'과 '학교'라는, 아이들을 위해 존재하는 세계에서 추방되었다. 당시 나에게는 이미 저항할 힘조차 남아 있지 않았다.

"맘대로 하세요."

3. 어둠에서 찾은 빛

중앙아동상담소

아동상담소라는 곳이 아버지와 같이 방문하기 전까지는 그 곳에 대해 들어본 적도 없었고, 어떤 곳인지도 몰랐다. 그 당시 내가 알고 있던 것은, 비애로 가득 찬 집을 떠난다는 사실과 내 의지대로 행동하는 것이 허락되지 않는다는 사실이었다.

결국, 나는 아동상담소에 일주일 남짓 있었다. 아침 일찍 일어나서 정해진 프로그램을 소화하고 1일 2회 상담원과 면담을 했다. 이상한 심리 테스트 같은 것도 있었다.

상담원과의 면담은 늘 유쾌하지 않았다. 태어나서 성장한 이력, 그 장면 장면에서 내가 느낀 것을, 아버지와의 면담 기록을 재료로 해서 내게 말하도록 했다.

아저씨 스타일로 깎은 머리 위쪽이 벗겨진 상담원은 시선을 책상 위의 노트로 향하고 볼펜을 쥔 손을 급하게 움직이며, "음, 음." 하며 조금은 높고 얇은 톤의 기분 나쁜 목소리를 냈다.

"난 어린 시절부터, 사람의 말을 들을 때는 상대의 눈을 보라는 말을 들었는데, 선생님은 어떻게 생각하나요?"

일부러 밉살스런 말투로 질문을 했다.

상담원은 거친 말투로 화를 냈다.

"지금, 누구를 위해서 이러고 있는데, 네가 처한 상황을 잘 생각해 보라고!"

웃고 말았다. 지금까지 만났던 어른들과 똑같았다. 복지? 아이들을 지키는 장소? 개소리였다. 그 곳은 당신의 '일터'일 뿐이었다. 매뉴얼에 있는 그대로 업무를 수행하는 장소일 뿐이었다. 과연 누구를 위하여 일하고 있는가? 단지 해야 하니까 일을 하고 있을 뿐이었다.

말을 뱉으면 곤란했기 때문에 굳이 표현하지는 않았다. 그러나 협력하는 체했지만 마음속으로는 조소를 금할 수 없었다.

상담원은 '비뚤어진 아이가 된 계기'를 '부모의 이혼을 알게 된 것'과 연결시키려 했다. 때문에 매일같이 그 때의 상황에 대한 질문을 퍼부었다.

"언제부터 어른들에게 반항적이었지?"

나는 대답했다.

"철들 무렵이었죠."

정말이었다. 나는 쭉 그렇게 느껴 왔다.

그러나 상담원은 결코 납득하지 못했다. 매일 똑같은 질문을 계속했다.

"자, 네가 원하는 대로 쓰도록 해."

귀찮아서 마지막에는 이렇게 답했다.

'아, 지루하다. 매뉴얼에 속박된 지루한 인간.'

맞대응할 마음조차 없었다.

그러나 그런 여유는 아동상담소에서의 생활이 하루, 이틀 지나면서 초조함으로 변했다.

'나는 도대체 지금부터 어떻게 해야 할까?' 이런 생각을 하자 불안해서 잠을 잘 수가 없었다.

강인하게 살았다. 어른들보다 강하게 반항했다. 그러나 나는 '책임'이란 이름으로 모든 세계에서 추방되었다.

16세인 나는, 어른들이 만들어 놓은 사회에선 너무나 무력했다. 이후의 내 미래 또한 내 생각대로 선택할 수 없을 것 같은 무기력함에 빠져 불안했다.

아동상담소의 조용한 밤. 이런 상황을 혼자서 생각하다 담요를 머리까지 뒤집어쓰고 울었다. 아침에 일어나면 늘 눈꺼풀이 통통 부어올라 있었다.

'빨리 이 곳을 나가고 싶다. 누군가 나를 이런 곳에서 데리고 나가 주면 좋겠다. 시설이나 장소는 상관없다. 빨리 내 상태가 결정되면 좋겠다.'고 생각했다. 그러고는 쌀쌀맞게 대하던 상담원에게도 좀

다소곳하게 다가갔다. 상담원은 굉장히 기뻐했다.

"드디어 솔직하게 마음을 여는 군."

얼굴 가득 미소를 머금고 말했다.

새로운 가족

아동상담소에서도 나를 처리하는 문제는 틀림없이 신경 쓰이는 일이었을 것이다. 어떻게 하는 것이 가장 좋을지 아무도 대안을 내지 못하고 있었다. 물론 나도 어떻게 해야 할지 몰랐다.

나에게는 더 이상 저항할 힘조차 없었다. 어느 틈엔가 어떤 결정이라도 고분고분하게 따르겠다는 각오가 서 있었다. 어느 날 오후, 상담원은 '양부모회'에서 좋은 사람이 나를 만나러 온다는 사실을 알려 주었다.

'양부모', '양아들'이라는 말은 아동상담소에서 처음 들어본 말이었다. 부모 대신 아이들을 맡아 돌봐 주는 제도 같았다. 나는 수긍하고 조용히 '좋은 사람'이 오기를 기다렸다.

어느 날 오후, 나는 응접실로 불려 갔다. 거기서 기다리고 있던 '좋은 사람'은 언뜻 보기에 고집 세고 험상궂은 듯했으나 크고 부드러운 눈이 인상적인 50대 후반의 아저씨였다.

어떤 이야기를 했는지 전혀 기억나지 않는다. "개는 좋아하니?"라든가 "좋아하는 음식은 뭐지?" 같은 실없는 이야기뿐이었던 것 같다. 시간상으로는 한 30분 정도였을까, 헤어질 무렵에 아저씨는 마지막으로 이렇게 말했다.

"처와 이야기해 보겠다."

그 때 나는, 그 아저씨가 일본 아동복지 분야에서 모르는 사람이 없을 정도로 유명한 인물이라는 사실을 전혀 모르고 있었다. 내가 알고 있던 것은, 그 아저씨가 나의 눈을 보고 천천히 부드럽게 말했다는 사실 정도였다.

면담 후에, 상담원이 나에게 말했다.

"그 분은 소네카와 씨로 양부모회의 회장인데, 가능하다면 자네를 받아들이려는 모양이야."

그리고 며칠 후, 상담원은 내게 소네카와 씨가 정식으로 나를 받아들이겠다는 통보를 해 왔다고 전해 주었다. 나는 소네카와 부부와 같이 생활하기로 결정된 것이다.

1987년, 아동상담소에서 만난 소네카와 씨에 의해 나는 그의 집에 받아들여졌다. 막 16세가 된 봄날이었다.

소네카와 씨의 집은 지은 지 20년은 지난 것 같은 안채와 안채에서 조금 떨어진 정원에 지어진 작은 2층 건물로 되어 있었다. 내가 머무를 방은 안채와 떨어진 작은 2층 건물에 있는 4평 정도의 방으로, 책꽂이에는 많은 책들이 꽂혀 있었다. 소네카와 부부의 딸이 쓰던 방이라고 했다.

소네카와 부부는 지금까지 수십 년간 양부모로서 갈 곳 없는 아이들을 받아들여 숙식을 같이 하면서 키웠다고 한다. 진정한 의미의 '교육자'였다.

손해인가? 이익인가? 하는 점을 따진다면 힘든 일을 받아들인다는 의미에서는, 분명 손해일 것이다. 들리는 말에 의하면, 이런 일을 위해 소유하고 있던 토지도 팔았다고 했다.

내가 소네카와 씨 집을 나온 후에도 소네카와 부부는 전후 몇 십 년이 지났음에도 몸을 의지할 곳이 없는 재일 중국인 2세나 3세 고아들을 맡아 키웠으며, 지금까지도 양부모로서 아이들을 돌보고 있다.

그것은 성공한 인간의 자선 활동이 아니라 보통 부부의 마음에서 우러난 행동이었다. 소네카와 부부는 무엇 때문에 이런 행동을 하는 것일까? 그것을 한 마디로 잘라 말하는 것은 불가능하며, 내가 말하는 것보다 본인들에게 듣는 편이 더 좋을 것이다.

그러나 내가 그들을 양부모로 만나고서 한 가지 확실하게 말할 수 있는 것은, 만약 그 때 소네카와 부부를 만나지 않았다면 현재의 나는 없었을 것이란 사실이다.

인생을 변화시킬 계기가 갑자기 내 앞에 다가온 것이다. 그러나 그 의미를 깨닫게 된 것은 아주 한참 뒤였다.

대화를 나눌 때, 소네카와 부부와의 약속은 단 하나였다. 그것은 '무슨 일이 있더라도 아침, 점심, 저녁 세 끼는 함께 한다.'는 것이다.

나머지는 자유롭게 해도 좋다고 했다. 정말 그것만 지키면 되는 것인지 꽤나 이상한 기분이 들었다.

'세 끼를 함께 한다.'는 것은 생각해 볼수록 의미가 있었다.

아침에 함께 식사를 하기 위해서는 늦잠 자는 것이 불가능했다. 밤거리에서 어슬렁거리는 것 또한 어려웠다. 그 당시 나는 밤거리에 실망한 상태였고, 무엇보다도 돈이 없었다.

점심 식사를 같이 하기 위해서는, 먼 곳에 제멋대로 나갈 수가 없었다. 그저 가까운 편의점에서 책을 들척이는 것이 고작이었다.

소네카와 씨의 일이 몇 시에 끝나고, 몇 시에 귀가하는지를 정확히 알고 있어야만 했다. 저녁 식사 준비를 하는 아주머니의 모습 또한 찬찬히 살피지 않을 수 없었다. 몇 시에 귀가하는지, 일은 분주했는지, 저녁 식사의 메뉴는 무엇인지 등을 알아가는 과정은 '새로운 가족'의 일원이 되기 위한 절차였다.

그리고 무엇보다 중요한 것은 하루에 적어도 세 번은 대화할 수 있는 시간이 확보되었다는 점이다. 흔히 성욕, 식욕, 수면욕 같은 인간의 3대 욕망으로 간주되는 것과 연관된 행위를 하고 있을 때, 자연스럽게 그 사람의 '인간성'이 드러난다고들 한다. 생각해 보면 내 자신도 어느 사이엔가 이전에는 들어보지도 못한 것들을 스스럼없이 말할 수 있게 되었다.

어쨌든 나는 새로운 보금자리를 얻었다. 그리고 동시에 갑작스레 늘어난 '시간'에 대한 한가로움을 짊어져야만 했다.

침묵의 시간

소네카와 씨 집에서 지낸 1년 동안 가장 힘들었던 것은 '한가함'이었다. 생각해 보면 그 때까지 나는 항상 다투고 늘 경쟁하면서 살았다. 그런 나에게 푹 쉴 수 있는 여유는 전혀 없었다고 해도 과언이 아니다. 틈을 보이면 진다는 생각에 집에서든 학교에서든 나름대로 전투적으로 살았다.

그러나 소네카와 씨 집에서 생활하기 시작하면서 '할 일'이 사라져 버렸다. 학교에서 추방된 나는 더 이상 무리해서 공부할 필요가 없었다. 또한, 집에서 쫓겨난 나는 동생을 괴롭힐 필요도, 부모에게 대들 필요도 전혀 없었다.

친구들 사이에서 영향력을 키우기 위해 쉴새없이 머리를 굴릴 필요도 없었다. 즉 '해야 할 것'이 아무것도 없었다.

16년 간 마치 겁쟁이를 억지로 끌고 가면서도 패하지 않고 말라비틀어지지 않도록 있는 힘껏 달렸던 내가, 처음으로 멈췄던 그런 시간이었다.

나에게 남은 '할 일'은 지금부터 미래에 대해 본격적으로 생각하는 것이었다. '학교'를 의미하는 영어 단어 '스쿨(school)'의 어원이 그리스어로 '한가함'이란 것을 한참 후에야 알게 되었다. 그런 의미에서 내가 한가함과 여유로 지냈던 1년은, 내 장래를 생각하며 '1인 학교'를 다닌 시간이었다.

봄이 지나고 여름이 오면서 매미 울음소리에 짜증이 나기도 했고,

가을이 되자 벌레들의 울음소리가 잠을 방해하기도 했다. 그럼에도 시간만은 어김없이 지나갔다. 매일같이 같은 양의 한가함이 눈앞에 기다리고 있었다.

한가로움을 벗어나기 위해 처음 내가 한 일은 잠자는 것과 텔레비전을 시청하는 것이었다. 낮잠은 밤에 잠이 안 와서 곧바로 그만두었고, 텔레비전도 보고 있으면 공허해져서 그만두었다. 언제부턴가 나는 방 한쪽을 채우고 있던 책을 탐욕스럽게 읽기 시작했다. 그리고 그와 더불어서 내 자신의 미래를 상상하기 시작했다.

"살아가는 데 필요한 힌트가 있을까?"

자신의 인생을 생각해 보겠다는 목적으로 시작한 독서는, 방 안에 무수히 많던 철학 책으로 향했다.

칸트, 사르트르, 니체, 슈바이처……. 손닿는 대로 읽었다. 어떤 책도 느낌으로밖에 이해할 수 없었다. 16세인 내게는 너무나 난해해서 내용을 이해하기가 거의 불가능했다. 그러나 16세 불량 소년이 철학 책을 읽고 있다는 뿌듯함에 도취되어 책을 읽어 나갔다.

화장실에 갔다 오면 바로 앞의 내용을 잊어버리곤 했다. 그러나 내게 넘치는 것은 시간이었고, 나는 책 내용을 노트에 정리해 가면서 읽었다.

지금도 생각한다. 어째서 철학 책들은 일본어로 번역했는데도 그런 어려운 말을 사용해야만 하는지 이해할 수 없었다. 일부러 어려운 말을 많이 씀으로써 번역자의 '권위'를 세우려는 것으로밖에는 이해할 수 없었다. 그런 방식이 아니어도 충분히 권위를 가질 수 있을 것 같은데, 역시 위대한 어른들의 생각은 이해할 수가 없었다.

그러던 어느 날, 심심풀이와 도취에 빠져 책을 읽다가, 나는 책의 한 구절에서 마치 감전된 듯한 충격을 받았다. 인생에 대한 모색을 시작하고, 책을 통해 처음으로 접한 충격이었다.

독일 철학자 헤겔이 제시한 '변증법'이었다.

"꽃이 피면 꽃봉오리가 소멸되기 때문에, 꽃봉오리는 꽃에 의해 부정됐다고 할 수 있다. 마찬가지로 열매에 의해 꽃은 식물의 존재 방식으로서는 지금까지와는 달라진다는 것을 선고받고, 식물의 진리로서의 꽃을 대신해서 열매가 출현한다."(야마모토 신 '세계의 명저 35' 주오코론신샤에서)

즉 모든 존재는 모순되는 요소가 대립하고 부정하며 이를 통해 본질을 내포한 채로, 부정의 부정, 즉 보다 높은 차원의 긍정으로 발전해 간다는 논리였다.

그 당시 내가 정확하게 변증법적 사고를 이해했다고 할 수는 없다. 그러나 '부정과 긍정의 대립이 통일을 이끌어 낸다.'는 사고는 내게 큰 충격이었다.

생각해 보면, 그 때까지 내 인생에는 부정만 있었다. 가족에 대해서, 학교에 대해서, 교사에 대해서, 사회에 대해서……. 긍정은 있을 수 없었고, 가능하지도 않았다.

결국, 나는 무엇인가를 상실한 채 그 곳에 있었던 것이다. 헤겔의 변증법을 이런 나에게 적용시키자 솔직히 그런 느낌이 들었다. '긍정하지 않고서는' '부정 그 자체를 부정하고, 좀더 고차원의 긍정을 손에 넣지 않고서는' 하는 생각이 절로 들었다.

어쨌든 사회는 어른들의 입맛에 맞도록 짜여져 있다. 그리고 그 곳에서 도망치는 것은 불가능했다. 그렇다면 내가 그 세계에서 당당하고 강하게 살아가기 위해서는, 긍정하는 것 외에 다른 방법은 없었다.

그러나 긍정은 간단하지 않았다. 16세였지만, 아파트를 혼자서 빌리는 것도, 일하는 것도, 불가능한 그 무엇도 할 수 없는 초라한 존재였다. 나에게 긍정이 가능한 장소, 결국 이 사회에서 살기 위해 긍정이 가능한 장소는 '학교' 정도였다.

'학교에 가고 싶다.'

이렇게 진심으로 원하기까지 긴 시간이 걸리지는 않았다.

작은 불량 소년의 큰 도전

제2차 베이비붐 세대. 사회에는 아이들이 넘쳤고, 어느 학교든 정원 이상의 학생을 받아 교실은 학생들로 꽉 차 있었다.

'학교에 가고 싶다'고 생각했지만, 말썽을 일으켜 퇴학당한 내가 들어갈 곳을 찾는 것은 쉬운 일이 아니었다.

세상에는 나처럼 중퇴한 인간들이 많았고, 그로 인해 사회 문제가 되고 있었다. 모두 갈 곳이 마땅치 않아서 바둥거리던 그런 시대였다.

나는 학교에 돌아가는 것을 단념하고 있었지만, 그럼에도 마음 한 구석에서는 다시 학교에 갈 것을 원하고 있었다.

나가노에도 추운 겨울이 왔다. 소네카와 씨 집 앞 공터에 파친코가 생겼다. 겨울 바람이 매서운 정월인데도 사람들은 비좁은 오락실에 뻔질나게 드나들었다. 창문을 통해 그 곳에 들락거리는 사람들을 보면서 나는 연일 한숨을 내쉬었다.

그러던 어느 날 아침, 언제나 그렇듯이 안채에서 소네카와 부부와 아침 식사를 하고 있을 때, 소네카와 씨에게 흥미 있는 신문 기사의 내용을 들었다.

홋카이도의 요이치 마을에 있는 한 사립 고등학교에서 학생 수가 줄어 정원을 채우지 못하는 바람에 폐교 위기에 처했다는 것이다. 학교측과 마을 주민들은 학교를 살리기 위해 그 대안으로 고등학교 중퇴자들을 그만 둔 학년으로 받아들인다는 내용이었다.

'작은 학교의 큰 도전'이란 제목으로 지면을 장식하고 있었다.

소네카와 씨가 나에게 물었다.

"가고 싶니?"

나는 대답했다.

"갈 수 있다면, 가고 싶어요."

인생의 톱니바퀴가 조금씩 움직이기 시작하는 느낌이었다.

문제는 아버지가 과연 돈을 대 주실까, 하는 것이었다. 나는 부모 자식의 연을 끊고 집을 나왔기 때문이었다. 소네카와 씨가 "이야기해 보겠다."는 말이, 꽤나 어설프게 느껴졌다.

아버지는 "좋다."고 말씀하셨다. 나는 믿을 수가 없었다. 왜 나에게 기회를 주려고 하는지 확실한 이유를 알지 못했다.

지금부터 10년 전쯤, 아버지와 술을 마시면서 옛날 얘기를 한 적이 있었다. 그 때, 아버지는 취한 상태로 말씀하셨다.

"네가 홋카이도에 있는 고등학교에 가고 싶다고 말했을 때, 아버지는 너무나 기뻤다. 이렇게 해서 나가노에서 골치 아픈 문제를 털어 버릴 수 있겠구나, 하고 생각하니까 마음이 편했던 거지. 사실 나도 너무나 힘들었단다."

진심이었다. 소네카와 씨 집을 나가면 결국은 양부모 곁을 떠나야만 하는데, 만약 집으로 다시 돌아오면 가정은 붕괴될지도 모른다고 아버지는 생각하고 있었다. 그렇게 생각할 정도로 당시 나는 가족에게 공포의 존재였다.

나는 그런 아버지의 이야기를 듣고 있다가 그만 눈물을 흘리고 말았다. 슬퍼서가 아니라 기뻤기 때문이었다. 처음으로 아버지의 참 모습을 본 것 같은 기분 때문이었다.

아버지는 다른 사람들보다 배나 자존심이 센 사람이었다. 실수가 있어도 정당화했고 강한 체했으며 위세를 떨곤 했다.

그런 아버지가 처음으로 내 앞에서 보여 준 약한 모습과 속마음에 나는 감동했다. 그 누구도 작고 약한 존재일 뿐이다. 그렇기 때문에 인간은 누군가를 사랑하고, 가족을 만들고, 서로 의지하면서 살아가는 것이다.

부모 또한 약한 인간일 뿐이며, 처음부터 '부모'였던 것은 아니다. 다양한 실패와 성공을 가정 안에서 반복해 가면서 '부모'로서 성장해 가는 것이다. 완벽한 부모 같은 것은 어디에도 없다.

아버지의 진심 어린 이야기는 20년 이상 나와 아버지 사이에 쌓인 두꺼운 얼음을 일순간에 녹여 버렸다. 진심으로 나는 그런 느낌을 받았다.

"아버지, 아버지는 그렇게 강하지 않아도 괜찮아요."

1988년 3월. 나는 '작은 학교의 큰 도전'에 '작은 불량 소년의 큰 도전'을 시작했다.

그리고 3월 말, 17세가 된 나에게 23기생으로 2학년에 편입을 허락한다는 통지서가 왔다.

급하게 주변을 정리했다. 그리고 1년 간 신세를 지고 내 인생을 이끌어 준 소네카와 부부에게 "반드시 졸업하겠다."는 약속을 하고, 그 길로 홋카이도로 떠났다.

약속의 장소

여명기

4월에 찾아간 요이치 마을에는 아직 눈이 남아 있었다. 요이치 역에서 버스로 15분 정도 거리에 있는 바다 근처에 위치한 사립 호쿠세이 고등학교는 지금까지 한 번도 본 적 없는 너무나 낡은 목조 건물이었다.

걸을 때마다 마루에서 삐걱 소리가 났고, 이중으로 된 창문에서는 바람이 조금씩 새어들었다. 하지만, 그런 쌀쌀함을 날려 버릴 듯이 교실 창문 앞쪽에 놓여 있는 석탄 난로에서는 뜨거운 열기를 내뿜고 있었다.

"나와 닮은 풍경이군."

그렇게 마음속으로 중얼거렸다.

그 해 이 학교에는 전국에서 약 50명의 전학생과 편입생들이 모여

들었다. 반이 세 개밖에 없었던 2학년은 추가로 선발한 전학생과 편입생들 때문에 네 개 반으로 늘어났다.

1년 유급한 고등학교 2학년생은 홋카이도에 있는 이 진보적인 학교에서, 확실한 제1보를 내딛었다. 내가 편입한 반은 2학년 C반이었다. 전국에서 전학생과 편입생을 본격적으로 받아들였던 여명기인 까닭에 수많은 사건을 아무렇지 않게 일으키곤 했던 반이다.

담임 선생인 아다치 토시코는 40대 후반의 여선생으로 체구는 작지만 힘이 넘쳤다. 호쿠세이 고등학교가 개교할 때 부임한 베테랑 선생이었다.

당연한 일이지만, 전학생과 편입생을 받기 시작한 때, 학교는 심각한 문제에 직면했다. 다양한 문제들로 인해 고등학교를 중퇴한 전국의 학생들을 편입생으로 받아들이다 보니 고스란히 일본 전국의 '청소년 문제'로 간주된 모든 것이 학교의 일상에 스며든 것이다.

교사들도 각오는 하고 있었다. 그러나 처음이기 때문에 뾰족한 방법 같은 것은 존재할 수 없었다. 교사도 학생도 진흙탕이 되지 않고서는 앞으로 나갈 수가 없는 상황이었다.

그리고 나에게 가장 심각했던 것은 불량한 세계를 지배하던 '규칙' 문제였다. 당시 불량한 인간들은 강력한 '위계 사회'를 형성하고 있었다. 동료들 사이에서는 나이가 한 살 많고 적음에 따라 크고 작은 다툼이 있었지만, 선배한테는 절대 복종이었다. 그것이 당시 불량한 세계의 불문율이었다.

고등학교 중퇴자들은 당연하게도, 1학년부터 다닌 같은 반 동료보다 나이가 많았고, 한 해 위의 선배가 동갑인 경우가 많았다.

선생들은 이런 사정을 아는 까닭에 소리 높여 말하곤 했다.

"호쿠세이에서 나이 차이는 관계없다. 중요한 것은 학년이다. 지금까지 이 곳을 지킨 선배들에게 경의를 표해라."

"우리 학교는 자유를 존중한다. 그러나 폭력만은 절대 안 된다."

라고.

확실히 그런 분위기였다. 그러나 불량한 세계에 찌든 인간들이, 그렇게 쉽게 자신을 변화시키는 것이 가능할 리 없었다. 연하의 동급생은 나를 "요시이에."라 불렀다. 처음 들었을 때 나는 당황한 나머지 꿈에서 겪고 있는 일이라고 생각했다. 태어나서 나이 어린 애들한테 반말을 들은 것은 그 때가 처음이었다. 그리고 바로 상대의 가슴에 주먹을 날렸다. 폭력 사건으로 발전할 수 있는 이런 다툼은 학교에 발각되든 그렇지 않든 당시에는 일상적으로 발생했다.

재학생들도 당할 이유는 없었다. 기존의 학생들 사이에는, 그 때까지 필사적으로 지키고 있던 자신의 학교가 갑자기 '어른들 형편'에 따라 주객이 전도되는 상황을 맞을지도 모른다는 위기감이 팽배했다. 폭주족 같은 헤어스타일과 상해 사건을 일으켜 고향에서 쫓겨난 나이 많은 놈들이 들어와서, 잘난 척하는 것을 묵묵히 지켜볼 수는 없었다.

교실 안이나 학생들이 생활하는 기숙사에는 항상 팽팽한 긴장감이 감돌았다. 그리고 언제 어디서든 폭력 사건은 일어났다.

선배들의 방문

나는 1인실이 마련돼 있다는 이유로, 학교에서 가깝고 가장 큰 기숙사에 들어갔다. 당시에는 1학년에서 3학년까지 약 40명의 재학생이 공동으로 생활하고 있었다.

교사들의 관심에서 벗어나 공동 생활을 하던 우리에게 가장 큰 관심사는 역시 동료들 사이의 관계였다.

소등 시간이 지나고 관리인의 점검이 끝나면 우리들은 활동하기 시작했다. 기숙사에 들어간 당일, 선배들에 대한 신입생들의 신고식이 시작됐다. 요령 있는 놈들은, '호쿠세이의 규칙'을 감지하고 나이가 같은 선배들에게 예의를 갖추었고, 곧바로 일원으로 편입했다. 그러나 나는 그런 면에는 둔감했다. 그렇게 해야 한다는 것을 알면서도, 곧바로 그렇게 되지 않는 어리석은 인간이었다.

내 방을 처음 방문한 선배들은, 처음엔 부드러운 말씨로 내게 물었다.

"몇 학년에 편입한 거지?"

손으로 땀을 닦으며 대답했다.

"2학년이야. 잘 부탁해."

바보였다. 신변에 위험이 닥치는데도 '반말'을 해 버렸다. 선배들의 얼굴 표정이 시시각각 변했다. 분명 짜증난 표정으로 나를 노려보았다. 잠시 침묵이 흘렀다.

곧이어 선배 한 사람이 괄괄한 목소리로 떠들어 침묵은 깨졌다.

"너, 그 말버릇이 뭐야? 지금까지 고향에서 어떻게 놀았는지 모르지만, 여기선 전혀 안 통해. 정말 죽고 싶냐?"

위협적인 말이었다. 나는 위축되었다. 기숙사라는 밀실에 인상이 더러운 선배들에게 둘러싸여 있는 상황에서 위축되지 않을 사람은 없을 것이다. 나와 같은 경우를 당한 편입생들은 소리가 들려도 방에서 나오지 않았다. 현명한 선택이었다. 모처럼 뭔가 해 보려고 혼슈에서 홋카이도까지 왔는데, 선배들에게 대들었다 학교를 다닐 수 없게 된다면 앞길이 막막할 뿐이었다.

'아쉽다……. 모두 같이 노력하면 좋으련만…….'

이렇게 마음속으로 중얼거리면서 각오를 다졌다.

"같은 나이인데, 왜 존대를 해야지. 용서해라, 선배들아."

진짜 바보 같았다. 그렇게 힘들게 살았으면서도 나의 본성은 뭐 하나 바뀌지 않았다.

침묵을 깬 선배는 괴성을 지르면서 나에게 덤벼들었다.

그 '선배'는 고향의 학교에서 바로 3학년으로 전학 온 나와 같은 신참이었다. 때문에 무엇보다도 자신이란 존재를 주위의 동급생에게 인식시킬 필요가 있었다. 그리고 그렇게 할 수 있는 가장 **빠르고** 확실한 방법을 알고 있었다. 그것은 폭력을 행사하는 것이었다.

같은 나이의 선배들에게 둘러싸여 폭력을 당했다.

폭주족이란 이름을 들먹거리며 내 안면을 계속해서 가격했던 '신참', 어질어질하고 얼빠진 의식 상태에서도 나는 그 '신참'만을 생각했다. 녀석은 가짜라고, 나라면 절대로 얼굴은 때리지 않을 거라고 생각했다. 만약 발각되면 퇴학당할 것이기 때문이었다. 상기된 얼굴로 내 얼굴을 집요하게 때리던 그를, 나는 그와는 반대의 입장에서 무시했다.

폭력 따위야 이미 익숙한 나였다. 지금까지 그런 경험은 몇 번이고 있었다. 폭력은 쉬지 않고 이어졌다. 자신의 위신을 세우기 위한 불량 '신참'의 자기 과시는 지금까지 경험한 어떤 폭력보다도 과격했다. 끝맺음을 모르는 그는, 분명 불량하게 데뷔한 악당이라고 생각했다.

눈이 부어올라 시야를 가렸다. 눈물샘이 닫히고 피가 멈추지 않고 흘러내렸다. 코가 휘고 머리카락도 전부 뽑힌 것 같은 느낌이었다.

너무 처참한 모습 때문인지, 나를 에워싸고 있던 한 선배가 개입했다.

"더하면 곤란하다."

"시끄러워, 나 이 자식 죽일 거야!"

끝낼 시점을 알지 못하는 '신참'은 동료들이 말리고 나서야 나를 해방시켰다. '죽는구나.' 하고 생각했다. 머리도 쿵쿵 울리고 토할 것 같았다. 그래도 끝이 나자 마음속에서는 안도의 한숨이 나왔다.

선배들은 그런 나에게 말했다.

"너, 너무 건방져. 한 번 더 건방 떨면 죽여 버릴 거다."

방으로 돌아와 거울을 보았다. 귀신이 피를 흘리면서 울고 있는 것처럼 보이기도 했고, 웃고 있는 것처럼 보이기도 했다.

다음 날부터 나는 학교에 가지 않았다. 그런 귀신 같은 얼굴로는 도저히 갈 수 없었다. 학교에 가지 않고 기숙사에 남아 있는 나를 본 관리인은 보자마자 놀란 표정이었다.

"무슨 일이지? 누가 괴롭혔니?"

집요하게 물었다.

"창문에서 밑으로 떨어졌어요."

나는 태연하게 대답했다. 누군가가 목격했을 가능성은 없었다. 관리인은 결코 납득할 수 없다는 표정이었다. 그러나 나는 끝까지 진실을 말하지 않았다. 관리인은 결국 단념하고 나를 의사에게 데려갔다.

저녁 때 관리인에게 연락을 받은 담임이 나를 찾아왔다.

"요시이에 군, 솔직하게 말해. 우리 학교는 폭력만은 허락할 수 없어, 제발 솔직하게 말해다오."

담임은 호소하듯 물었다. 그러나 나는 같은 대답만을 반복했다.

"창문에서 떨어졌을 뿐이에요."

주위의 동급생들은 담임에게 질문을 받고서도 전부 모른다고 했다. 그리고 내가 "창문에서 떨어졌다."고 말한 사실을 알고서는 그렇게 말을 맞추었다. 만약 진실을 말하면 밤중에 자신들이 나처럼 될 것이기 때문이었다. 때문에 그 누구도 사실을 말하지는 않았다. 그럴 정도로 심한 폭력이었다.

담임은 단념하고 기숙사를 나갔다. 분명, 이런 상황은 나뿐만이 아니었던 듯했다. 어느 기숙사에서나 있을 수 있는 일이었기 때문에 돌아간 것 같았다. 나는 조금은 안심이 되었다.

왜 나는 누구에게도 진실을 말하지 않았을까? 이유는 두 가지였다. 어떤 교육 이념이 있어도 어떤 교육 능력이 있어도 교사가 밤중의 아이들 세계에까지 개입하는 것은 불가능하기 때문이며, 또한 어른들을 처음부터 신뢰하지 않았기 때문이다. 그리고 진실을 말하지 않은 좀 더 근본적인 이유는 아직 '복수를 하지 않았기' 때문이다. 내가 말하지 않는 한, 그 녀석들도 말하지 않을 것이었다. 집단이라면 이길 방법은 없었다. 그렇지만 자고 있을 때 습격하면 이길 수 있었다.

나는 '신참'에게 복수하기 위해 틈을 찾았다. 그리고 실행에 옮겼다.

뒷감당

철근 콘크리트 건물 안에 있는 나에게 할당된 3평 남짓한 방은 밤이 되면 적막함에 둘러싸여 창문을 열어도 파도 소리만 들릴 뿐이다.

나는 다른 방에서 들려오는 소리에 귀를 기울였다. 그리고 한결같이 나를 무너뜨리고 자신의 입지를 구축한 '신참'이 잠들기를 기다렸다.

그리고 한밤중에 기숙사 이곳저곳에서 이야기하는 소리가 완전히 사라질 때까지 방문을 열고 몇 번씩 확인한 끝에야 방을 나섰다. 기숙사의 방에는 방마다 잠금 장치가 되어 있었다. 그러나 방문을 잠그는 사람은 아무도 없었다. 특히 리더격이어서 동료들이 뻔질나게 방을 드나드는 녀석들도 자위행위를 할 때를 빼고는 방문을 걸어 잠그지 않았다.

'신참'의 방에 들어가자 그는 순진한 아이처럼 자고 있었다. 그 모습을 보고 나도 모르게 웃음이 났다. 숨을 크게 들이쉬고 나는 온 힘을 다해 자고 있는 '신참'의 머리를 가격했다.

"앗……."

신음 소리를 내며 일어난 '신참'은 얻어맞은 머리통을 움켜쥐었다. 다시 '신참'의 몸에 강한 타격을 가했다. 그래도 결코 얼굴만은 치지 않았다. 마음이 산뜻했다.

나는 방으로 돌아와 방문을 걸어 잠그고 잤다. 학교에는 가지 않았다. 나는 잠꾸러기처럼 잠만 잤다.

그날 밤 무슨 일이 일어날지 난 알고 있었다. 잠자고 있는 선배를 습격하고도, 아이들이 만든 치졸한 세계에서 아무런 일도 일어나지 않을 수는 없었다. 나는 선배와 마주치지 않으려고 식사도 하지 않고, 목욕탕에도 가지 않았다. 그리고 한밤중에 선배들은 내 방으로 쳐들어왔다.

리더의 등장이었다. 카나가와의 폭주족 리더였던 그는, 다른 선배들보다 훨씬 두렵게 느껴졌다. 멱살을 잡힌 순간 이 인간에게는 어떻게 해도 이길 수 없다는 예감이 본능적으로 들었다. 명치 언저리에 선배의 주먹이 박혔다. 내장이 파열되는 듯한 느낌이 들 정도로 강력했다.

한바탕 맞은 후에 나는 리더 앞에 꿇어앉아야 했다. '빨리 풀어 주면 좋겠다.'고 마음속으로 생각했다.

리더는 나에게 말했다.

"너, 무슨 짓을 했는지 알고 있지."

카나가와 사투리가 섞인 그 말은, 위축된 나를 순종시키기에 충분할 정도로 위력이 있었다.

"예, 죄송합니다."

나는 자존심도 다 던져 버리고, 머리를 숙이고 사과했다. 굉장히 피곤했다. 며칠 동안 나는 안심하고 잘 수가 없었다. 학교에서도, 기숙사에서도 맘 편히 쉬지 못했다. 다시 용서를 구하고 싶었다. 돌아갈 곳이 있다면, 이렇게 무시무시한 학교를 빨리 그만두고 도망치고 싶었다. 진심이었다.

"뒷감당을 해야지."

리더 옆에 있던 부 리더가 칼로 짼 듯한 예리한 눈으로 나에게 말했다.

"뒷감당을 어떻게 하면 좋을까요? ○○ 선배에게 사죄하면 되겠습니까?"

아양을 떨며 나는 물었다.

"먼저 그 녀석한테 사과해라. 그게 순서지."

리더는 나에게 말했다. 신참은 의기양양한 얼굴로 나를 비웃었다. '뭐가 순서란 말이지?' 나는 그렇게 생각하면서 마지못해 머리를 숙였다.

"정말 죄송합니다."

나는 신참에게 머리를 깊숙이 숙였다. 신참은 우쭐해서 내 머리를 짓밟았다. 그 순간, 싸우고 싶은 욕망이 생겼다. 1학년 때부터 이 학교를 다닌 리더들은 확실히 같은 나이라도 '호쿠세이 고등학교의 선배'였다. 그러나 그 신참은 달랐다. 나와 같이 학교에 온 놈이었다. 그런 놈에게 얕잡히고 싶지는 않았다.

나는 녀석의 발을 내치고 매섭게 쏘아보았다.

"바보 새끼."

난 다시 리더에게 맞았다.

"아직도 정신 못차리는군. 너, 정말 죽고 싶냐?"

"용서해 주세요."

실수했단 생각이 들었다.

"이런 멍청한 놈은 처음이야. 너, 학교 그만둬라. 그게 뒷감당 하는 거야. 짐 싸서 가 버려!"

나는 방에서 쫓겨났다.

내 방으로 돌아와 나는 생각했다. 어떻게 하면 좋을까, 동요하고 있는 머릿속을 필사적으로 회전시켜 보았다. 나에게는 돌아갈 집이 없었다. 그만두는 것만큼은 절대 불가능했다. 이 곳은 내가 머물 수 있는 유일한 장소였다. 도망치는 것은 불가능했다. 그렇지만 매일같이 맞는다면 정말 죽을 수도 있었다. 생각을 거듭한 끝에, 나는 앞에 있는 나이프를 손에 쥐었다.

근성 있는 놈

나는 손에 쥔 나이프로 발톱을 하나 벗겨 내었다. 극심한 통증으로 정신을 잃을 것 같았다. 진땀이 흘렀다. 그럼에도 멈추지는 않았다. 그러자 자연스럽게 눈물이 흘렀다. 아무리 생각해도 이렇게 뒷감당하는 것 외에 별다른 방법이 없었다.

통증을 참으면서 다시 선배의 방을 찾아갔다. 그리고 떨리는 목소리로 말했다.

"이렇게 사과하겠습니다. 용서하십시오."

긴 침묵이 이어졌다. 그리고 침묵 끝에 리더가 말을 꺼냈다.

"참, 근성 있는 놈이구나. 너 같은 놈은 처음 본다. 그래 좋다, 우리도 잘못한 점이 있지. 그럼, 없었던 일로 하자. 내가 널 악에 받치게 했군."

그의 멤버들은 모두 침묵하고 있었다.

"실례했습니다."

이렇게 말하고 나는 방을 나왔다.

이 '발톱 벗긴 사건'은 순식간에 기숙사는 물론, 학교의 불량 학생 집단에 알려졌다. 막다른 골목에 다다라서 벌인 행동은 '요시이에'란 존재를 주변으로부터 인정받게 만들었다.

그럼에도……, 그 당시는 몹시 고통스러웠다.

이 사건이 있고나서 나에게는 상당한 변화가 있었다. 나를 그런 행동까지 하게끔 만든 리더는 절친한 선배가 되었고, 자연스럽게 나는 같은 나이라도 마음에 드는 선배들에게는 존칭을 쓰게 되었다.

중요한 것은 자존심이 아니라, 고생 끝에 간신히 자리잡은 호쿠세이 고등학교를 편안하고 즐거운 곳으로 만드는 것이었다. 싸우고 괴롭히는 일은 비참함과 고통만이 따를 뿐이다.

이를 위해서는 마지못해서가 아니라 자신들 스스로가 만들어 낸 '원칙'이 필요했다. 우리들로서는 희생을 감수하면서 그런 '원칙'을 만들어 냈던 것이다.

언제부터인가 같은 반의 나이 어린 친구가 반말로 불러도 별다른 느낌이 없었다. 나를 두려워해서 존대를 하는 반 친구에게는 미소로 대답했다.

"한 해 먼저 태어난 게 뭐 대수냐, 존대는 왜 하는 거야."

커다란 변신이었다. 그렇지만 그 당시는 죽고 싶다는 생각을 했을 정도로 고통스러웠다는 사실만은 꼭 말해 두고 싶다.

'발톱 벗긴 사건'의 일련의 궤적은 10년 이상이 지난 지금에도 나의 발톱에 흔적으로 남아 있다. 내 발톱은 세로로 뒤틀려서 자라고 있으며, 발톱을 볼 때마다 그 당시의 일들이 생생하게 떠오른다.

지금 호쿠세이 고등학교에는 자기의 나이가 위라도 상급생에게는 존칭을 쓰는 암묵적인 규칙이 엄연하게 존재하고 있다. 그리고 약자를 지킨다는 불문율 또한 존재한다.

호쿠세이 고등학교는 개성의 보고다. 같은 공간에 시대를 비추는 거울 같은 다양한 개성이 혼재되어 있다. 풀어놓으면 반드시 사건이 생기는데 그것은 어쩔 수 없는 숙명이다.

여명기였을 그 무렵에, 학생들이 수없이 아수라장을 만든 끝에 형성된, '이 곳에 있기 위해 만들어 낸 규칙'이 기초가 되어 지금까지 이어지고 있는 것이다.

지금 "모두가 있고 싶은 학교로 만들자!"라는 학교의 기풍은 확실히 교사들의 탁월한 능력과 행동의 성과임에 틀림없다. 그러나 그것 못지않게 학생들이 때로는 피를 흘리면서까지 공존을 위해 노력한 것 또한 이런 학교 기풍을 만드는 데 중요한 요소가 되었다.

최초의 교사

나는 선생이란 존재를 혐오했다. 문제를 정당화하거나 바꿔치기하는 것에만 능숙한 어른들의 표본이라고 생각했기 때문이다.

그 동안 많은 선생들을 만나 왔다. 나에게 그들은 말 그대로 '선생을 하기 위해 태어난' 사람들뿐이었다. 내게 '선생을 하기 위해 태어난' 사람이란 의미 없이 거만하게 구는 인간을 가리키는 말이다.

이런 의미의 선생들은 많이 만났지만 유쾌하지 않았던 기억뿐이고, 그 때까지 배움의 길로 인도한 '교사'와 만났던 기억은 전혀 없다. 때문에, 그런 존재는 단지 우상이라고 생각했다.

그러나 나는 이 호쿠세이 고등학교에서 마음으로부터 '교사'라고 부를 수 있을 만한 사람과 만났다. 그 사람은 바로 나의 담임이었던 아다치 선생이었다.

지금까지 만났던 선생들은 늘 부드러운 변화구로 내게 접근해 왔다. 그리고 내 마음에 파고든 순간 자기 정당화와 말 바꾸기의 화신이 되었다. 나는 그런 태도가 몹시 불쾌했다.

아다치 토시코 선생은 전혀 달랐다. 아다치 선생은 직구 외에는 던지지 않았다. '아닌 것은 아니고, 좋은 것은 좋다'는 정공법으로 상대방의 눈치를 보지 않고 당당하게 말하는 사람이었다. 그러나 그 직구는 꽤나 어리숭한 것이었다. 그런 이유 때문에 내가 그 구질을 확실하게 믿기까지는 꽤나 시간이 걸려야만 했다.

나는 문제아로 분류되고 있었기 때문에 학교란 장소에서 그 동안 한 번도 '청소'를 해 본 적이 없었다. 그리고 그런 내 자신을 마치 특권 계급이라도 되는 것처럼 생각했다.

호쿠세이 고등학교에도 당연히 방과 후 청소 당번이 있었다. 어느 날 내가 앉은 줄이 청소 당번이 되었다. 나는 아무런 주저 없이 기숙사로 돌아왔다. 나에게는 그런 행동이 너무나 자연스런 것이었다. 허둥지둥 기숙사에 돌아와서, 참고 있던 담배를 피워 물고 담배 연기를 깊이 들여 마셨다. 행복한 순간이었다.

그 때 기숙사에 아다치 선생이 등장했다. 그 얼굴에서 박력 같은 것을 찾아볼 수 없었지만, 화가 난 것은 분명했다. 자세히 살펴보니 작은 코가 실룩거리고 있었다.

내 방에 들어와 선생은 화를 냈다.

"요시이에 군, 그냥 돌아간 이유가 뭐야? 너, 오늘 청소 당번이잖아?"

"나 말고도 당번은 있잖아요. 그 친구들이 하면 될 텐데. 난 청소 같은 거 안 해요."

나는 건성으로 대했다.

선생은 내 눈을 똑바로 응시했다.

"그런 문제가 아니야. 이 학교에서는 모두 역할을 공유하고 있어. 그게 규칙이지, 이해하겠니? 다른 친구들은 모두 청소를 하고 있어. 도망친 너도 청소를 해야만 해."

"당신이 월급을 받는 학교니까, 당신이 청소를 하는 게 당연하죠. 왜 내가 청소를 해야만 하나요?"

나는 다소 초조해하며 말했다.

"그게 아니야. 우리 학교가 가장 중요하게 생각하는 것은……."

초등학생도 아닌데 청소 안 하고 도망친 것 가지고 일부러 기숙사까지 와서 설교를 하다니 지긋지긋했다.

그런 정도로 화낼 거면 내일 학교에서 화내고, 내가 지금 쉬고 있는 시간을 엉망으로 만들지 말았으면 좋겠다고 생각했다.

"알겠어요. 다음부터 할게요."

빨리 돌아갔으면 하는 마음으로 말했다.

"다음부터가 아니야. 청소 당번은 오늘이라고."

선생은 계속해서 물고 늘어졌다.

"……(그 속을 모를 줄 알고)."

나는 아무 말도 하지 않고 무시했다.

"듣고 있어 요시이에 군!"

"……(빨리 돌아가 버려)."

"잘 들어, 요시이에 군!"

"……(난 절대로 안 해)."

두 사람은 침묵했다. 5분, 10분, 15분, 20분, 30분. 선생은 돌아갈 생각도 하지 않고 얼굴을 붉힌 채 내 얼굴을 바라보고 있었다.

곤혹스러웠다. 이런 기분 잡치는 상태로 계속 갈 바에야 학교에 돌아가 청소를 하는 편이 좋을 것 같았다.

"알았어요. 청소하면 되잖아. 하지 뭐, 그럼 당신도 만족하겠지!" 나는 내뱉듯이 말했다.

그 순간, 선생의 얼굴 표정은 점점 부드럽게 변했다. 그리고는 "이해했구나, 고맙다."라고 말했다.

고맙다고? 청소를 안 하고 도망친 내가 고맙다는 말을 듣다니? 청소한다는 말을 했을 뿐인데, 갑자기 태도도 바뀌고, 정말 알 수 없는 인간이었다. 보통은 "당연하지!"라든가 "뭐야, 그 말버릇은!" 하고 권위를 세울 텐데.

묘한 기분으로 선생의 차를 타고 교실로 향했다. 밖은 슬슬 어두워지기 시작했다.

빈 교실은 왠지 평소보다 넓게 느껴졌다. 저녁 빛이 어스름한 2학년 C반. 담임과 나 이렇게 두 사람만의 청소가 시작됐다.

선생은 청소에 굉장히 까다로웠다. 마룻바닥의 나뭇결 사이에 먼지가 남지 않도록 하라던가 책상의 위치는 여기가 아니면 안 된다던가, 하는 각양각색의 주문을 했다.

"예, 알았다고요. 하면 되잖아요, 하면."

나는 투덜거리며, 말한 대로 했다.

두 사람은 교실 청소를 하면서 이런저런 이야기를 했다. 나는 선생이란 존재를 싫어하며, 이 곳 외에는 갈 곳이 없어서 왔으며 부모에게 버림받았다는 사실도 말했다.

선생은 그 때마다 부드러운 말투로 "응, 응." 하며, 청소를 멈추고는 내 눈을 보고 고개를 끄덕거렸다.

나는 기숙사로 빨리 돌아가기 위해 부지런히 청소를 했다. 그럼에도 뭔가 조금은 아다치 선생을 이해한 듯한 기분이 들었던 것이 지금도 기억난다.

나는 그 날 이후 수업은 자주 빼먹었지만, 청소 당번만큼은 빼먹지 않았다. 그리고 그 날부터 얼어붙은 마음도 조금씩 녹기 시작했다.

1학기가 끝나 가던 7월 어느 날, 나는 미처 완성하지 못한 제출용 과제 노트를 학교에 두고 온 것 같아서, 교실로 찾으러 갔다. 귀찮았지만, 보충 수업을 받는 것보다는 나았다. 편의점에서 담배를 사고 늦었지만 교실로 향했다.

'청소하던 그 때가 생각나네.' 나는 예전의 일이 떠올랐고, 그래서인지 웃음이 나왔다. 현관에 들어서서 어둑한 복도를 걷는데, 유독 2학년 C반 교실에만 불이 켜져 있었다. 무슨 일일까 궁금해서 교실을 엿보았다. 그 곳에는 푸른색 작업복을 입은 아다치 선생이 있었다.

아다치 선생은 내가 마루에 뱉어 놓은 껌을 칼로 떼내고, 물수건으로 책상을 닦고 있었다.

나는 잠시 그런 모습을 바라보았다.

"선생님, 정말 청소를 좋아하시네요? 오늘 청소 당번들이 청소했는데."

나는 선생에게 말을 걸었다.

내 말에 놀란 선생은, 얼굴을 들었다. 이마에 땀이 맺혀 있었다.

"나는 이 학교가 개교할 때 당시 교장 선생님의 말씀에 감동을 받고 학교에 온 거야. 이 곳의 학생과 학교는 나에겐 보물이지. 그래서 이렇게 낡은 건물이라도 정성껏 가꾸는 거야."

꾸밈도, 쑥스러워하는 기색도 없이 선생은 분명히 그렇게 말했다.

그 때 나는 감동했다. 확실히 '이 사람은 진짜'라는 생각이 들었다.

몇 년 전, 처음으로 오토바이를 샀을 때, 나는 너무나 기뻐서 매일같이 연료 탱크를 닦곤 했다. 갑자기 그 시절의 내 모습이 떠올랐다.

'아다치 선생님, 정말 좋다.'고 생각했지만 말은 하지 않은 채, 기쁜 마음으로 기숙사로 돌아왔다.

나는 태어나서 처음으로 '교사'와 만난 것이다.

기숙사 퇴실

전교생의 절반이 생활하는 기숙사는 식사 시간, 목욕하는 시간, 문 닫는 시간 등의 규칙은 관리인이 철저하게 점검했다. 그러나 그 이외의 생활까지 관리인이 한숨도 자지 않고 기숙사를 관리하는 것은 불가능했다.

우리들의 밤은 길었다. 문 닫힌 후의 기숙사 생활은 대부분 우리들 자치다. 당연히 불미스런 일도 생겼다. 늦게까지 잠을 안 자서 아침에 일어나지 못하는 경우도 종종 있었고, 문제를 일으켜 정학당하는 경우도 있었다. 그러나 하나 둘 실패를 겪으면서 학생들 사이의 유대감은 가족 간의 그것과 비슷하게 깊어졌다. '한솥밥을 먹는 식구'라기보다는 '같은 목표를 향해 노력하는 동지' 같은 느낌이었다.

어른들은 아이들에게 무관심하다가도 아이들이 만든 사회에 갑자기 개입하는 경우가 있다. 학교의 학부모회의에서 문제가 되어 실태 조사를 하고 관리를 강화하는 경우다. 그런 경우에 우리들은 당연히 반발할 수밖에 없다. 한 사람뿐이라면 별 불만 없이 받아들이겠지만 집단의 경우라면 그렇게 될 수는 없었다.

"지금까지 아무 말도 없다가 갑자기 떠드네!"
"아니, 지금까지 문제였기 때문에 이렇게 한다고? 지들이 뭔데 우리의 자유를 막는 거지!"
"이건 어른들의 횡포야!"

이런 식의 공격으로 발전하기 마련이다. 우리들을 방치해 두면, 반드시 어른들이 이해 못할 여지를 만들게 된다고, 어린 시절부터 늘 생각해 왔다.

어른들 말대로 우리들이 '미숙'한 존재라면, 미숙한 인간들이 미숙한 공간을 만드는 것은 지극히 당연하다. 그리고 아이들은 그 곳을 지키기 위해서 '미숙한 존재' 전부를 건다. 왜냐하면 부여받은 공간이 아니라 스스로 구축한 공간이기 때문이다.

그건 누구라도 그럴 것이다. 예를 들어, 30년 융자를 끼고 모처럼 지은 집이 동네 미관을 해친다고 해체해야만 한다고 할 때, "예, 그러시죠." 하고 쉽게 동의할 사람이 과연 있을까?

만약, 아이들의 세계에 개입하고 싶다면, 그 세계가 만들어진 맥락을 조금이라도 살펴봐야만 한다. 그리고 도움 주는 것을 아까워하면 안 된다. 그것이 '어른들의 책임'이다. 아이들에게 '책임'을 강요한다면, 어른들도 '아이들에 대한 책임'이란 칼을 항상 스스로에게 겨눠야만 한다. 문제를 슬쩍 비켜서는 정도로는 소모적인 투쟁밖에 생기지 않는다.

어느 날, 지금까지 방해받은 적이 없었던 우리들의 세계에, 어른들이 갑작스럽게 끼어들었다. 그 당시 우리들은 분명 그렇게 느꼈다.

어느 날 밤에 우리들은 "그만둔다."고 말하고 고향으로 돌아가 버린 친구를 어떻게 하면 돌아오게 할 수 있을까, 하는 이야기를 나누고 있었다. 그 친구가 가 버린 것은 우리들의 태도에 기인한 면도 있었기 때문이다.

지금처럼 휴대전화 같은 편리한 도구가 없던 시대라 친구에게 전화를 걸면, 십중팔구 첫 통화 상대는 부모라는 어른이 될 것이 뻔했다.

하여튼 우리들은 치졸할지언정 진지하게 친구 문제로 대화를 나누고 있었다.

갑자기 그 때, 기숙사 관리인이 술 냄새를 풍기면서 우리들이 이야기하던 곳에 들어왔다.

"이 시간까지 뭐 하는 거야."

관리인은 상당히 거친 말투였다.

"○○가 어떻게 하면 다시 학교로 돌아올 수 있을지 이야기하고 있었어요. 해산할 거니까, 조금만 기다려 주세요."

우리들의 대응은 비교적 공손했다고 생각했다. 소등 후에는 자야만 한다는 규칙에 대한 부담이 있었기 때문이다.

관리인은 그러나 더욱 말투가 강해졌다.

"그 녀석이 돌아오는 것을 누가 결정하는 거지? 너희들이 하는 거야? 지금 다시 말해서 어떻게 하겠다는 거야. 그런 문제는 학교가 결정한다고. 빨리 잠이나 자."

관리인은 그 날 밤에야 '녀석이 고향에 돌아간 사실'을 우리에게 들었던 것이고, 그 때까지 그 친구가 무엇 때문에 괴로워했는지에 대해서는 전혀 몰랐던 것 같다.

녀석의 부모가 밤에 관리인에게, "아무 말도 하지는 않지만, 기숙사에서 친구 관계에 뭔가 문제가 있었던 것 같다."는 내용의 전화를 했던 것 같다.

친구가 괴로워했던 이유는, 자신을 친구들에게 인식시키기 위해 반복했던 거짓 무용담 때문이었다. 말만 들어도 온몸의 털이 곤두설 무용담. 거짓말이 들통나지 않게 애쓰다 보니 과장에 과장이 덧붙어 버렸다.

교류가 깊어지다 보니 친구들 사이의 정보망도 조밀해져, 결국 그와 같은 고향 출신의 친구가 그의 거짓말을 폭로했다. 친구들은 거짓말한 녀석을 비난했고, 그는 도망치듯이 고향으로 가 버린 것이다.

전국에서 다양한 아이들이 모인 이 학교에서는 거짓말과 허세가 판을 쳤다. 약한 자가 약하다고 말하지 않고 자신을 거짓말로 꾸며댔다. 흔히 있는 일이었다. 그러나 우리들이 만든 사회는 그런 상황이 탄로나도 솔직하게 고백하면 용서를 하는 사회였다. 왜냐하면 이 곳에 모인 사람들은 모두 '약자'였기 때문이다.

그러나 그 때 녀석은 그런 상황이 가능하기도 전에 고향으로 돌아가 버렸다. 친구들은 모두 돌아오기를 희망했다. 관리인은 전화를 걸었고 수화기를 통해 흘러나온 그의 부모의 물음에 대해, 거짓말이 원인이 되어 그의 자존심에 상처를 냈다는 사실을 말하지 않고 우리들의 바람만을 전달했다. 때문에 그 문제로 서로 의논할 수 있었다.

"왜 아무것도 모르는 부모에게 있었던 일을 다 말하지 않는 거죠?"

동료 중 한 명이 반항의 불씨를 붙였다.

"녀석의 부모가 무엇을 알고 있죠? 그러면 그 부모가 녀석을 보호할 수 있을까요? 왜 아무것도 알지도 못하면서 일일이 간섭하는 거죠."

우리들의 갑작스런 반항 때문에 관리인은 당황한 듯 보였다.

"너희들 뭐하는 짓이야. 어쨌든 빨리 잠이나 자. 내일 학교에 보고할 테니까, 각오해."

"훌륭하시군! 당신도 밤에 혼자서 걸을 때는 조심하는 게 좋을 걸."

한 명이 내뱉듯이 말했고, 동료들은 화가 난 상태로 각자 방으로 돌아갔다. 그리고 곧바로 다시 모여 이야기를 계속했다.

예상했던 대로 다음 날, 우리들은 각각 담임에게 불려 갔다. 내용은 고향으로 돌아간 친구의 일 때문은 아니었다. 아다치 선생님은 낙심한 얼굴로 나에게 말했다.

"너희들을 더 이상 기숙사에 들일 수 없다고 관리인이 말했어."

나는 어제 있었던 일에 대해 선생님에게 말했다. 선생님은 내 눈을 보고 "그랬어."란 말뿐이었다. 그리고 나직이 혼잣말처럼 중얼거렸다. "관리인들끼리는 서로 연락이 긴밀해서 문제가 일어나면 바로 이야기가 돌아. 받아 줄 만한 기숙사가 있을지 모르겠다."

호쿠세이 고등학교는 전국에서 전학생과 편입생을 본격적으로 받아들였다. 그것은 겨울에 열린 이사회의 폐교 방침에 따라 곧바로 정해진 일이었다. 그래서 기숙사가 갑자기 필요하게 됐고, 교사들이 동네 주민들에게 사정해서 학생들을 받아들일 기숙사를 확보한 것이었지만 절대량이 부족했다.

혼슈에서 온 학생들에게 거주할 기숙사가 없다는 것은 '퇴학'을 의미했다. 이것만은 학생들의 의향만으로 결정되지 않았다. 아다치 선생과 함께 관리인에게 찾아가 머리를 숙이고, 1학기 내내 머물 새로운 곳을 찾았다.

'어른들의 특징은 책임 전가야.'

안식의 장소

호쿠세이 고등학교에서는 1학기에 1년의 80퍼센트에 해당하는 사건이 발생한다. 이유는 앞에서 말한 대로다. 나약하고 서툰 우리들은, 그런 상태에 부딪치지 않으면 공존하는 것이 불가능했기 때문이다.

나와 동료들처럼, 불미스런 사건으로 인해 기숙사를 옮겨야만 했던 경우도 종종 있었다. 기숙사를 나온 우리들은 아이세이 기숙사에 머물게 됐다. 전국의 학교에서 중퇴한 학생들을 받아들인 학교의 결정에 공감한 사람들이 사재를 출연해 만든 이 기숙사는 7월에 문을 열었다. 그 곳은 석재상을 경영하는 별난 관리인과 아름답고 당찬 아주머니가 관리했다. '아이세이 기숙사'란 낭만적인 이름은 관리인의 친구가 "전국에서 요이치에 모인 별똥별들을 사랑으로 감싼다."는 뜻에서 붙인 이름이었다.

내가 흘러든 그 장소는, 기숙사의 이름처럼 나를 '사랑'으로 감싸 준 따뜻한 곳이었다. 때로는 관리인의 철권이 날아들기도 했지만…….

처음 아다치 선생님과 같이 기숙사를 방문했을 때, 별난 관리인은 사투리로, 그렇지만 다정스럽게 말했다.

"이 곳에 오면, 우리들은 너를 아들처럼 대할 거다. 잘못했을 때는 당연히 화를 낼 거고, 잘했을 때는 당연히 칭찬할 거다. 뭐든 상식대로 하면 되고, 즐겁게 생활하면 좋겠다."

통나무 같은 관리인의 팔뚝을 보면서 이야기를 들었다. 속으로는, '내겐 부모 따위 필요 없어.'라고 생각하면서.

학교에서 도보로 30분이 걸리는 기숙사. 지금은 셔틀 버스가 다니지만, 초창기였던 그 시절에 셔틀 버스 같은 것은 없었다. '더 이상 갈 곳은 없다'고 다짐하면서, 눈 오기 전에는 자전거로, 눈이 내린 후에는 걸어서, 홋카이도의 풍경을 한껏 즐기면서 학교를 다녔다.

새로 지어진 아이세이 기숙사는 이런저런 이유로 기숙사에서 쫓겨난 학생들이 머무르는 최후의 장소가 되었다.

같은 반의 세키네, 다테, 마코토, 공포의 붉은 점퍼란 별명을 가졌지만 섬세한 성격인 다카요, 멋있는 에이지, 리젠트 스타일의 머리가 잘 어울리는 아버지 같은 테루 등. 문제아로 간주되는 인간들이 속속 그 곳으로 몰려들었다.

나와 같은 방을 쓰게 된 마코토는 사전에 아무 말도 없이 내가 낮잠을 자고 있는 사이에 이사를 왔다. 내가 일어나자 마치 자기 집처럼 느긋하게 게임을 하고 있었다. 참으로, 어처구니가 없었다.

그 장소에 모여든 유쾌한 인간들은 내 평생의 친구들이다. 그들과 지낸 졸업까지의 1년 반이란 시간은 정말 즐거웠다. 처음으로 가족이 생긴 것 같은 기분이었다. 그리고 그런 관계가 학교에서 형제 같은 친구들을 만들었다. 긴 머리카락을 휘날리던 무적의 남자 테츠지, 학생회장 신, 미즈노, 나베……. 전학생과 편입생을 맞으면 서로 으르렁대던 우리들이, 하나의 운명 공동체로 조금씩 바뀌고 있었다.

쫓겨나면 더 이상 갈 곳이 없었던 우리들이었지만, 그럼에도 크고 작은 많은 사건들을 일으켰다. 부엌에서 제멋대로 칭기즈칸(샤브샤브와 비슷한 음식.—옮긴이)을 내와서 먹기도 하고, 아침까지 소란을 피우며 놀아서 관리인을 혼비백산하게 한 적도 있었다.

'누가 제일 센가' 하는 것이 화제가 되기도 하고, 창문을 통해 건

너편의 사과밭에 가서 '원 없이 먹기 대회'를 열어 모두 정학을 받은 적도 있었다. 사이가 좋은 우리들은 불만스런 얼굴로 지도부의 검사를 받았다. 지도부 선생은 정색을 하고 "이런 바보 자식들." 하고 말하면, 천연덕스럽게 "네." 하고 대답하는 우리들을 진지한 표정으로 보다 웃음을 터트렸다.

겨울에 눈이 쌓이자, 누군가가 "나, 한 번이라도 좋으니까, 지붕에서 눈 위로 뛰어내려 봐야겠다."고 말했다. 그리고는 어차피 뛰는 거 벗고 뛰어내리자고 했고, 하나 둘 줄을 이어 전라의 바보들이 지붕에서 눈 속으로 다이빙을 했다.

벌벌 떨면서 벌거벗은 채로 허둥거리는 우리를, 아주머니는 새빨개진 얼굴로 잡아끌었다.

모두 원숭이처럼 빨개진 엉덩이를 목욕탕 속으로 집어넣었다. 엉덩이가 빨개진 채로 추위도 잊고 있는, 반 원숭이 같은 우리들을 보고 아주머니는 귀신같은 얼굴을 하고는 적당히 하라고 소리쳤다.

정말 즐거웠다. 진짜 가족 같았다. 모두가 게걸스럽게 먹는 식사는 너무나 맛있었고, 아저씨와 아주머니는 늘 따뜻했다. 나는 '부모는 없어도 된다.'는 생각을 처음으로 하게 되었고, 이 두 사람이 진짜 부모라면 좋겠다는 생각이 들었다.

내 마음속의 '사악한 싹'은 그 곳에서 완전히 사라졌다.

"고맙다."

우정 그리고 단결

2학년 C반은 장난이 심한 반이었다. 나를 포함해서 늘 누군가가 문제를 일으켰다. 그리고 그 때마다 아다치 선생님은 밤늦게까지 기숙사 주변을 돌며 아이들을 챙겼다.

선생님은 모든 일에 있어 중간에 손을 놓지 않는 사람이었다. 돌발적인 문제가 발생해도, 그 날 해야 할 일이 끝나지 않으면 아침까지 학교에 남았다.

아다치 선생님이 매일, 가장 늦은 시간까지 학교에 남는다는 이야기를 나중에 들었다. 그러나 그 당시 우리들은 그런 상황을 알지 못했다. 만약 우리가 문제만 일으키지 않았다면 선생님도 빨리 퇴근했을 텐데, 감사하다는 생각이 든다.

항상 문제가 생기는 반, 늘 자기들 멋대로에다 수업조차 진행되지 않는 반. 그런 상황이지만 선생님은 매일 '학급 통신'을 만들었고 하루도 빠진 적이 없었다. 그 지면에, 어떤 때는 반 전체에게 문제를 제기했고, 어떤 때는 넌지시 노력하는 친구들을 칭찬하기도 했다.

그럼에도 우리들의 자세는 좀처럼 변하지 않았다. 무엇을 해도, 진실하게 말을 해도 좀처럼 전달되지 않는 반이었다. 선생님은 무슨 생각으로 매일 아침 홈룸(homeroom) 조례를 했던 것일까.

"오늘도 열심히 노력하겠습니다."

매일 같은 말로 홈룸 시간을 끝내고, 교실을 나가는 선생님의 뒷

모습은 분명히 피곤해 보였다.

그러던 어느 날, 아다치 선생님의 목소리가 나오지 않았다. 마이크를 한 손에 쥐고, 아침에 홈룸을 진행하던 때, 처음에는 모두 '농담'이라고 생각했다. 그러나 마이크를 향해 "후, 후." 하고 소리를 내면서 힘들게 말하는 선생님을 보고, 모두 상황이 심각하다고 느꼈다.

"더 말씀하지 않으셔도 좋아요."

나는 생각할 겨를도 없이 선생님에게 말했다. 그러나 선생님은 "미안하다, 미안해." 하면서 몇 번을 말하고는 말을 계속했다.

'우리들의 문제다.'

그 누구라도 선생님의 모습을 보고 그렇게 생각했다.

그 날, 우리들은 교과 선생님의 시간을 빌려서 아다치 선생님이 목소리가 잘 나오지 않게 된 원인, 즉 우리들의 생활 태도에 대해 이야기를 했다. 지금도 호쿠세이 고등학교에서는 이런 경우가 종종 있다. 좀더 나은 상황을 위해 자신들만의 대화 시간을 학생들이 요청할 경우 거절하는 선생님은 없다.

나는 그 때, 처음으로 친구들 앞에 서서 토론을 진행했다. 나로서는 믿을 수 없는 상황이 발생한 것이다. 몇 차례의 경험으로 아다치 선생님을 인정하고는 있었지만, 그 때까지는 늘 한 발 뺀 상태로 상황을 분석하는 걸 좋아했던 나로서는 정말 믿기 어려운 행동을 한 것이다. 모두에게 떠밀린 면도 없진 않았지만, 어느 새 상황의 중심에 서게 되었다.

"피해를 준 우리들이, 선생님을 더 나쁜 상황에 빠지게 하는 것은 허락할 수 없다."

"단지 감기 걸린 거 아냐?"

"시끄럽고, 귀찮게 하는 인간들은 우리 반의 일부에 불과해. 그런 친구들은 행동을 똑바로 하면 좋겠다."

"뭐야, 우리들이 전부 나쁘다는 거야!"

"그런 식으로 말하면 대화가 안 되잖아."

"그럼 폭력이 지배하는 거지."

반 아이들은 제멋대로 자신의 의견을 말했다. 그런 태도는 지금까지도 용인할 수 없는 것이다. 어른들의 사회도 이와 비슷했다. 힘 있는 인간, 폭력적인 인간들을 공공연하게 비판할 수 있는 사람이 과연 얼마나 있을 것인가.

그러나 그 당시는 달랐다.

어떻게 어른들도 불가능한 진보적인 토론이 우리들 사이에서 가능했을까. 그것은 우리 반 전체가 '아다치 토시코' 선생님에게 폐를 끼치기도 했고 고마움을 느꼈으며, 무엇보다 선생님을 좋아했기 때문이었다.

중요한 것을 지키려고 할 때, 인간은 강해지기 마련이다. 우리들에게 아다치 토시코 선생님은 의심할 바 없이 중요한 사람이었다.

"우리도 확실히 할게. 정말 약속한다고. 그러니까 모두 협력해서 좋은 반을 만들어 보자."

나는 친구들과 약속했고, 내 생각을 발표하고 토론을 끝냈다. 그리고 반의 위원장이 되었다.

2학년 C반은 그 날 이후 새롭게 태어났다.

체육 대회, 학교 축제에서 모든 상을 휩쓸었고, 수업은 활기가 넘쳐흘렀다. 무엇보다도 아다치 선생님은 기뻐서 들떠 있었고, 우리들 또한 마찬가지였다.

반의 분위기는 드리워 있던 먹구름이 걷히고 파란 하늘로 바뀌었다. 때때로 폭풍이 밀려온다 해도 모두의 힘으로 비구름을 몰아낼 수 있었다.

'친구, 우정, 단결.' 교가에도 이런 가사가 담겨 있는데, 이것은 일종의 슬로건이었다. 처음 이런 말을 들었을 때, 난 이미 낡아빠진 말처럼 느꼈다.

그러나 호쿠세이 고등학교에서 생활하면서, 점점 이런 말에 공감하게 되었다. 사람은 사람과의 관계 속에서 변해 간다. 그 누구도 혼자서는 살 수 없는 약한 존재다. 동료를 신뢰하며 더불어 관계를 심화하고, 힘을 합친다면 지금까지 정체됐던 문제들이 단숨에 해결될 것이다. 그리고 자기 자신 또한 크게 변할 것이다.

누군가에 의해 계몽되는 것이 아니라, 실제의 체험 속에서 체감했을 때에 그 사실이 내 속에서 확신으로 변한다는 것이다.

졸업

꿈속을 달리는 듯한 날들은 지나가고, 어느 새 졸업이 가까워졌다. 생각해 보면 진짜 많은 일들이 있었다. 말을 꺼내면 끝이 없을 정도로 서글픈 일도 있었고, 고통스런 일도 있었다. 그러나 즐거웠던 일도 많았다.

그리고 마음이 따뜻한 사람들을 많이 만났다. 여기서 만난 '마음 따뜻한 사람들'은 제멋대로 행동하는 것을 너그럽게 봐 주는 사람들이 아니었다. 오히려 나의 약한 면을 솔직하고 엄하게 지적해 주었다. 인간은 '약점'을 지적받았을 때 그것을 애써 숨기려고 하고 온 힘을 다해 반항한다. 예외 없이 나도 그렇게 반항했다.

이 학교에 오기 전까지 만났던 많은 사람들은 그런 나를 감싸기만 했다. 그러나 '마음이 따뜻한 사람들'은 그렇지 않았다. 그들은 나를 진심으로 대했고, 또한 진심 어린 마음으로 나를 칭찬했다. 나의 적은 가능성을 보고 칭찬했던 것인데, 결국 나는 겉과 속이 다르지 않은 그들을 신뢰하게 되었다.

아무것도 없이 혼자서 찾아간 그 장소가 더없이 소중하고 따뜻한 공간으로 변했다. 그리고 인간의 역사는 자신의 마음 여하에 따라 크게 좌우된다는 것을 배웠다.

굉장히 좋아했던 문학 수업에서, 마지막으로 담당 교사인 야마 선생님은 "내가 가장 좋아하는 시다."라는 말과 함께 우리들에게 한 편의 시를 선물했다.

나는 그 시가 그 동안의 내 삶과 중첩되는 듯한 느낌이 들어, 울음이 나왔다.

자신의 감수성만큼

이바라기 노리코

바삭바삭 말라가는 마음을
다른 사람의 탓으로 돌리나
스스로 물 주기를 게을리해 놓고

신경질적인 것을
친구의 탓으로 돌리나
부드러움을 잃은 것이 어느쪽인데

초조한 것을
가까운 사람 탓으로 돌리나
무어라 해도 잘못된 것은 나

처음의 마음이 사라져 가는 것을
생활 탓으로 돌리나
이런저런 것이 약한 의지 때문인 걸

안 되는 일 모두를
시대 탓으로 돌리나
희미하게 빛나는 존엄의 방기

자신의 감수성만큼
스스로 지켜라
어리석은 자여

  그러나 나는 알고 있었다. 그 따뜻한 장소는 우리들의 상처에 주어진 일종의 '유예 기간'이었다는 것을. 따뜻한 사람들이 이해 관계에 상관없이 힘이 되어 준 그 사회가, 졸업 후에 우리들이 가야 할 고도의 자본주의적인 경쟁 사회에서는 실현되기 힘든 것이기 때문이다.
  사회는 어른들이 움직이고 있었고 당연히 그들의 입맛에 맞게 돌아갔다. 변화시키는 것이 불가능한 현실이라면, 그런 상황 속에서 가슴을 펴고 살아가는 기술을 몸에 습득해야만 한다.
  그렇기 때문에 나는 온 힘을 다해 공부했다. 그것만이 힘없는 내가 갖출 수 있는 유일한 무기라고 생각했다.
  법학부의 법률학과, 그것이 내가 선택한 다음 장소였다. 어른들의 상황과 공존을 모색한 끝에 확립된 법, 그것을 사회학적인 관점에서 공부하고 싶다는 생각이었다.
  언젠가 변호사가 되어 약자 편에 선 어른으로서 비판적으로 사회를 바라보고 싶었다. 이런 나의 생각은 어디까지나 불량스러웠다. 그럼에도 그것을 받아들이며 나가고자 결의했다.

1990년 3월, 나는 환희의 박수와 눈물 속에 있었다. 친구들과 더불어 '약속의 장소'에 선 것이다.
학생회장인 신이 졸업생 대표로 답사에서 이렇게 말했다.
"23기 동료여……, 우리는 승리했다."
어떤 싸움을 했는가? 그것은 자신과의 싸움이었다.

아다치 선생님의 부드럽고 작은 손과 악수했을 때, 나는 분명 그녀의 아이였다. 주위에 신경 쓰지 않고 기쁨의 눈물을 흘리면서 마음속으로 중얼거렸다.
"엄마……."

전국에서 모인 상처받은 전사들은 하나의 싸움을 끝내고 다시 전국으로 흩어졌다.

5 불량 소년의 꿈

대학이라는 우상

메이지카쿠인 대학 법학부 법률학과. 그 곳이 내가 선택한 새로운 장소였다.

홋카이도의 촌구석에서 온 나에게 요코하마란 대도시는 자극적인 장소라기보다는 오히려 따분한 곳이었다.

내가 대학에 들어갈 당시에는 '버블 경기'에 들떠 주부들까지 머니 게임에 참가하는 광란의 시대였다. 많은 대학생들이 대기업에 쉽게 취직된다는 안이함 때문인지, 아니면 입시 전쟁에서 벗어났다는 해방감 때문인지 잘 모르겠지만, 어쨌든 놀았다. 부모에게 받은 윤택한 군자금을 아까워하지 않고 '욕망 해소'에 탕진했다.

신입생의 가장 큰 관심사는 출석하지 않고도 리포트 시험으로 성적을 인정받을 수 있는 수업을 찾는 것이었다. 나는 변호사라는 직업을 얻어 사회에 도전장을 내밀고 싶다는 목표가 있었다. 나는 그런 바람을 실현하기 위해 노력을 아낄 생각은 없었다.

그러나 법률 공부를 하고 싶다는 바람으로, 최선을 다해 들어온 대학이란 곳은 무기력한 교수들이 무기력한 학생들에게 '무능력'을 가르치는 장소였다. 적어도 나는 그렇게 느꼈다.

"본격적인 법률 공부의 시작은 3학년부터입니다. 1, 2학년 때는 일반 교양을 충분히 습득하는 데 힘쓰기 바랍니다."

입학 상담을 했던 학생과 직원이 그렇게 말했다.

확실히 대학은 전문 학교가 아니라 종합적인 학문을 배우는 장소였다. 그러나 나는 초조했다. 그런 식으로 가다가는 다시 갈 곳을 잃은 개처럼 될 것 같은 느낌이 들어 겁이 났다.

택배 아르바이트를 하면서 서점에서 전문 서적을 사 모았다. 어떻게 공부하면 목표에 조금씩이라도 다가갈 수 있는지 그 방법조차 모르던 나는 두려움을 떨치기 위해서 무작정 공부했다. 법률 수업이 시작되면 바뀔 것이라고 스스로 생각하면서, 매일 같이 전문 서적과 문제집을 상대로 씨름했다. 그러나 기대하던 전공 수업은 나를 실망시켰다. 수업에서는 독학으로 공부한 '총론'만이 무기력하게 되풀이 될 뿐이었다. 잠만 밀려왔다.

'또 다시 길 잃은 개로 돌아가야 하나······.' 겁이 많아서 남의 힘을 빌려 볼까 했던 나는, 꿈에서 더 멀리 내던져진 듯한 기분이 들었다.

그 때 '처음의 마음이 사라져 가는 것을/생활 탓으로 돌리나/이런

저런 것이 약한 의지 때문인 걸.' 고등학교 시절에 선물로 받은 시의 한 구절이 떠올랐다. 약해지려는 자신을 경계하면서 다시 책상으로 돌아갔다.

나에게 대학은 우상에 불과했다. 그러나 다시 한 번 자신의 나약함을 성찰할 수 있는 장소이기도 했다.

볼펜 쥔 손가락에 돋은 굳은살

대학 3학년 때 만난 친구에게서 '더블 스쿨'이란 말을 처음 들었다.
어려운 자격 시험에 도전하는 학생들은 대개 좀더 전문적인 공부를 위해 대학과 병행해서 학원을 다니고 있으며, 어떤 학생들은 학교에는 전혀 나오지 않고 학원에서만 공부한다는 것이다.
그렇다면 과연 대학은 무엇을 위해서 있는 것인가? 진짜 허망하다는 기분이 들었다.

나는 아르바이트로 번 돈을 모두 모아 '더블 스쿨'에 도전했다. 그러기 위해서는 돈이 더 필요했고, 동시에 공부할 시간을 확보해야만 했다. 나는 괜찮은 아르바이트를 찾아다니며 최저 생활비로 공부에 몰두했다.

친구의 소개로 아직 실용화되기 전의 신약을 1박 2일 동안 투여받고 경과를 보는 임상 실험에 참가한 적도 있었다. 문제가 생겨도 감수하겠다는 계약서에 서명할 때는 솔직히 무서웠다. 그러나 1박 2일에 6만 엔이란 돈은 나에게는 귀중한 군자금이 되었다.

내가 공부한 양을 측정하는 방법은 소비된 볼펜의 숫자였다. 나는 우수한 사람이 못 되기 때문에 뭔가 머릿속에 넣기 위해서는 '쓰면서 기억하는' 방법밖에 없었다. 처음에는 노트의 소비량을 학습량의 척도로 삼았는데, 한 권 한 권의 노트를 끝낸다는 성취감 때문에 점점 글자가 커지는 경향이 있었다. 때문에 검증의 기준을 '볼펜'으로 바꾼 것이다.

일주일에 한 개 정도의 속도로 볼펜을 소비했다. 물론 잉크가 빨리 소모되는 두꺼운 볼펜심이 들어 있는 것을 사용했지만.

그럼에도 잉크가 다 소모되어 더 이상 쓸 수 없는 볼펜과 그 볼펜 때문에 생긴 가운데 손가락의 굳은살은 여러 가지 이유를 붙여 달아나려고 하는 내 불안한 마음을 지탱시켜 주었다.

학교에서는 그다지 튀지 않게 행동했다. 눈에 띄는 행동은 주변의 관심을 부채질하기 때문이다. 그렇다고 대학이란 장소에서 딱히 고독감을 느끼지는 않았다.

죽음의 문턱

대학 4학년. 세상에는 아직 버블의 여운이 남아 있었다. 나는 취직이 결정되어 있지 않았는데, 딱히 구직 활동을 하지도 않았다. 내 자신이 도망갈 길을 만들지 않는 방향으로 몰아갔다.

사법시험에 합격할 자신은 없었지만, 도망갈 길이 있더라도 그 곳으로 도피하지 않을 자신은 있었고, 그렇기 때문에 도망갈 길을 스스로 차단했다.

주위에서는 그런 나를 바보 취급했다. 걸식을 하거나 야쿠자가 되거나 둘 중의 하나라고 떠들어댔다.

그런 이야기를 듣자 묘한 느낌이 들었다.

그러나 후퇴는 없었다. 세상 사람들처럼 목욕할 시간도 없이 공부했다. 언제부턴가 손가락의 굳은살은 두껍게 부어올라서 오른손 가운데 손가락이 바깥쪽으로 크게 변형되었다.

홋카이도에서 지냈던 꿈같이 즐거웠던 생활은 나에겐 완전히 과거의 일이 되었다. 돌이켜보면 너무나 눈부셔서 괴로울 뿐이었다. 그래서 그 시절을 떠올리지 않으려고 노력하며 살았다.

어둠 속에서 필사적으로 빛을 찾아 헤매던 나날이었다. 손을 뻗으면 금방이라도 그 빛에 닿을 것만 같던 어느 날, 불행이 찾아왔다.

아르바이트에서 돌아오는 길, 골목길을 오토바이로 맹렬하게 달리던 나는, 완만한 비탈길 커브를 제대로 돌지 못하고 그만 돌담에 부딪혔다. 사고였다. 위, 장, 췌장, 간장, 신장 등 여러 내장이 파열되는 치명적인 사고였다. 나는 의식불명의 중태에 빠졌다.

내 인생은 늘 그 모양이었다. 힘들여서 겨우 손이 닿을 만한 거리까지 왔을 때, 어김없이 그 때까지의 발판이 갑작스레 날아가 버리곤 했다.

구급차로 옮겨진 나는 의사의 구명 활동에도 불구하고 위독한 상태가 계속되었다. ICU(집중치료시설 또는 집중감시시설. 일반적인 의료설비로는 충분히 관리할 수 없는 중증 환자나 대수술 후의 환자를 대상으로 24시간 계속 감시하면서 신속한 구급 조치를 하기 위한 곳.—옮긴이)에서 24시간 체제로 치료가 시작되었다. 급히 달려온 부모님에게 생명을 보장할 수 없으니 각오를 하라는 의사의 권고가 있을 정도였다.

왼손으로는 수혈 중이었고, 오른쪽으로는 링거, 목 밑으로 밀어 넣어진 굵은 관으로는 심장 부근의 혈관에 영양을 공급했다. 복부에도 여러 관이 내부로 꽂혀 있었다. 그 관의 끝에 달린 흡입기는 흘러나온 췌액을 24시간 흡입했다.

얼마나 의식 불명의 상태였을까? 지금도 알 수 없다. 확실하게 기억나는 것은, 눈을 뜬 순간 엄청난 통증 때문에 다시 의식을 잃었다는 것과 그런 상태가 계속 반복됐다는 정도다. 죽을 건지, 살 건지 하는 문제에 대한 실감조차 나에겐 없었다.

부모님도 그렇게 생각했던 모양이다. 그런 상태로 의식이 되돌아와도 전과 같은 일상으로 돌아갈 수 있다는 보장도 없었다. 헬멧을

쓰기는 했지만 머리에도 상당한 충격이 있었다. 평생 침대 위에서 보낼 수도 있었다. 부모님은 그렇다면 즐겁게라도 해 주고 싶다고 혼수 상태인 나를 보고 흐느끼셨다.

젊기 때문인지 치료의 성과가 좋아 나는 생사의 경계를 넘어 차츰차츰 호전되고 있었다. 그러나 그것은 생지옥이었다. 통증을 억제하기 위한 모르핀의 환각 작용은 움직이지 못하는 나를 습격했고, 토혈은 호흡을 방해했으며, 하혈은 내 안에 간신히 남아 있는 자존심을 여지없이 무너뜨렸다.

"죽여 줘!"

나는 미친 사람처럼 절규했다. 양손, 양발이 침대 위에 묶여서 고정되었고, 소란을 피우면 진정제가 기다리고 있었다. 죽는 편이 나을 것 같다고 생각했다.

그리고 그런 상태에서 나는 몇 번인가 잠꼬대를 했다고 한다.

"아다치 선생님, 미안해요."라고.

그것이 언제쯤이었는지 알 수는 없다. 얼굴에 닿는 따뜻한 물방울 때문에 천천히 눈을 떴을 때, 그 곳에는 은사인 아다치 선생님이 있었다.

믿을 수가 없었다. 환상이 아닐까 생각했다.

나는 있는 힘을 다해 통증을 참으며 말했다.

"선…… 생…… 님!"

내 오른손을, 선생님은 작고 따뜻한 양손으로 감싸 쥐었다. 선생님은 눈물을 흘리며 나에게 말했다.

"요시이에 군, 죽으면 안 돼. 너는 내 희망이야. 절대로 죽으면 안 돼……. 너는 내 희망이야."

먼 홋카이도에서 이곳 요코하마까지 급하게 달려온 아다치 선생님의 온기가 나를 감쌌다. 힘이 없던 나는 그저 고개만 끄덕였다.

선생님은 베개에 묻은 토혈을 닦아내고, 하혈로 더러워진 내 기저귀를 갈아주었다. 극심한 통증으로 의식을 잃고, 다시 통증 때문에 눈을 뜨면, 그 자리에는 아다치 선생님이 있었다.

벌써 4년 전에 졸업한, 결코 좋은 놈이 아니었던 고독한 불량 소년. 그런 나를 아다치 선생님은 '희망'이라고 했다. 그런 나를 위해서 선생님은 홋카이도에 소중한 학생들을 남겨 두고 달려와 준 것이다.

그토록 '살고 싶다'는 생각이 든 적은 없었다. 그렇게 '따뜻한' 느낌이 든 적도 없었다. 나는 이제 고독한 불량 소년이 아니었다.

아다치 선생님이 방문한 후로 내 상태는 빠르게 좋아졌다. 병이 마음과 관계있다는 말이 사실이라면, 나의 빠른 회복은 의심할 바 없이 마음에 기인한 것일지도 모르겠다.

의사는 '기적'이라 말했고, 사고가 난 3개월 후에 절대 안정과 통원 치료를 조건으로 퇴원을 허락했다. 계절은 겨울로 접어들고 있었다.

기적적으로 목숨은 건졌다. 그러나 '현실'은 그런 일이 있었는지와는 별반 상관없이 내 앞에서 요동치고 있었다. 나는 학교의 시험을 볼 수 없었다. 단 한 과목을 남겨 놓고 대학을 유급하게 되었다. 그렇지만 초조함이나 절망감은 없었다. 왜냐하면 사고를 겪고나서 내 마음에는 새로운 결심이 생겼기 때문이었다.

'선생님' 모교의 선생님이 되어, 아다치 토시코 선생님이 걸었던 길을, 학생들과 더불어 가겠다고 굳게 다짐했다. 죽을 뻔한 목숨, 남은 생을 나란 존재를 구원해 준 '교육'에 바치기로 맹세했다.

유급은 나에게 많은 여유를 주었다. 교직 과정을 이수하면서 모교의 교사가 되기 위한 첫걸음을 즐거운 마음으로 기운차게 내딛었다. 스물세 살의 봄이었다.

오늘날의 사회에서는 아이들이 꿈을 찾기가 어렵다는 말을 흔히들 한다. 확실히 그런 면이 있다. 모든 분야가 세분화되고 정비가 되었지만, 급속한 발전으로 그 모든 것이 숨 막히는 상황이 돼 버렸다.

불경기인 요즘, 아이들의 꿈은 안정 지향으로 기울고 있다. 내 앞에 있는 많은 학생들이 "하고 싶은 일이 보이지 않는다."고 이야기를 한다.

실현 가능성이 희박한 일은 '불가능한 것'으로 여기고 쉽게 포기한다. 나는 학생들에게 말한다. "혼신의 힘을 다해 생각하고, 결심하고, 10년 간 흔들리지 않고 노력한다면, 불가능한 꿈은 없다."고.

내가 지금 내 꿈을 실현하기 위해, 모교의 교사로서 학생들과 더불어 진흙탕에서 뒹굴고 있는 것 자체가, 처음에는 하나의 적은 가능성일 뿐이었다. 출산율이 급격히 떨어져 교사가 남아도는 상황이라지만, 홋카이도의 작은 사립 고등학교라 하더라도 교원을 증원시키는 것은 간단한 문제는 아니었다.

그러나 나는 믿었다. 언젠가 반드시 모교에 되돌아가, 아다치 선생님이 걸었던 길을 계승할 수 있는 날이 올 것이란 것을…….

'기대'는 모든 가능성에 빛을 준다고 나는 믿고 있다. 눈앞에 있는 동료들의 미래에 거는 한결같은 기대는, 꿈을 기필코 실현하는데 촉매제가 된다.

새로운 꿈을 향해

모교에 돌아가 아다치 선생님이 걸었던 길을 따르고 싶다. 내 안에 싹튼 꿈이 시들지 않도록, 나는 온 힘을 다해 물을 주고 영양분을 공급해 주었다.

모든 시도가 이런 작은 싹으로부터 시작했다. 모교의 교사가 되기 위해서 반드시 갖춰야겠다고 생각한 것은 탁월한 수업 능력이었다. 호쿠세이 고등학교는 다양한 이유로 '학교'란 장소에서 좌절을 경험한 학생들이 반 수 이상을 차지하고 있었다. 인문계 고등학교의 진학 지상주의 때문에 좌절한 학생들, 기초 학력은 있지만 중퇴로 인해 더 이상 학교에 다닐 수 없는 학생들, 학습 능력이 떨어지는 학생들, 이지메 등이 원인이 되어 초등학교 때부터 등교 거부를 한 학생들.

학교 생활에서 학생들과 가장 많은 시간을 보내는 것은 두말할 것 없이 수업 시간이다. 한 교실에 학력 차가 큰 학생들이 섞여 있는 호쿠세이 고등학교에서, 모든 학생을 만족시키는 '흥미롭고 매력 있는 수업'은 중요한 생명선이었다.

탁월한 수업 능력을 체득하고 싶다는 생각에서, 내가 뛰어든 곳은 홋카이도의 주요 도시에 학원을 개설하고 있는 홋카이도 최대의 학원 체인이었다. 그곳은 초등학생부터 고등학생까지 다니고 있었다.

홋카이도의 고등학교 진학 사정은 그리 좋지 않은 편이다. 예를 들면, 요이치에 있는 시리베 지역만 봐도, 대부분의 학생들은 졸업 후에 대학 진학과 취직이 쉬운 오타루 시내에 있는 고등학교를 목표로 공부한다.

그러나 오타루 시내에 있는 공립 전일제 보통과 고등학교는 단지 두 개에 불과했다. 누구나 그런 학교에 들어가고 싶어했다. 대학 진학까지 염두에 두고 있었기 때문이다.

좁은 입학 문을 둘러싸고 아직 16세도 안 된 아이들 모두가 묵묵히 학원에 다니는 고통을 감내했다. 그것이 대학까지 이르는 계단이라고 생각했기 때문이다.

대형 학원 체인의 연수는 엄격했다. '점수 따는 수업'이란 학원의 목적을 확실히 했다. 왜냐하면 그것만이 학생들을 끌어 모으는 방법이었기 때문이다.

연수가 끝난 후, 내가 처음 맡은 수업은 중학교 2학년 역사 수업이었다. 나는 호쿠세이 고등학교로 향한 꿈의 첫걸음을 내딛는다고 생각하며 수업을 했고, 당연히 의욕이 넘쳐흘렀다.

그러나 곧 '이게 아니다'는 느낌을 받아야 했다. 처음에 나는 칠판에 필기하는 것에 정신이 팔려, 학생들의 표정을 하나하나 차분히 관찰할 수 있는 여유가 없었다. 그러나 점점 여유를 찾고, 교실 전체를 살펴보자 내가 느낀 위화감의 정체를 파악할 수 있었다.

어떤 학생은 헤드폰으로 음악을 들으면서 노트 정리를 했고, 어떤 학생은 내가 바로 앞에 서 있는데도 당당하게 잠을 잤다. 또 다른 학생은 창 밖의 풍경을 감상하고 있었으며, 어떤 학생은 친구에게 보내는 편지를 쓰고 있었다. 뒤에서 그나마 모범적인 학생들의 작은 소리가 들려왔다.

"뭐야, 저 선생. 전혀 이해할 수 없잖아."

쇼크였다. 그런 충격은 지금도 잊을 수가 없다. 내가 처음으로 주도면밀하게 준비한 수업이 분명 문제가 있었던 것이다. 무엇이 문제일까? 답을 찾기 시작했다.

다양한 스타일의 강사들이 있었다. 많은 학생들이 몰려드는 강사도 있었고, 빈자리가 많은 강사도 있었다. 그들의 강의 스타일은 어쨌든 나의 첫 번째 수업보다 훨씬 뛰어난 것 같았다.

나는 매일, 마지막까지 교실에 남았다. 기초부터 착실하게 다져야겠다는 생각을 했다. 우선, 알아보기 쉽도록 깨끗하게 칠판에 필기하는 것을 연습했다. 글자의 농담, 배색, 위치, 글자체 등에 철저하게 연구했다.

그리고 다음 날 수업을 위해, 전날 밤까지 몇 번이고 거듭해서 모의 수업을 했고, 강조할 때와 느슨하게 풀어 줄 시간 또한 연구했다.

그리고 수업 분위기를 돋우기 위해 유머도 간간이 집어넣었고, 잡학이나 시사와 관련된 사회 정세 등도 머릿속에 입력시켰다.

아이들은 일종의 거울이다. 아이들의 눈은 반드시 있는 그대로를 반영한다. 언제부터인가 조금씩 나의 노력이 그들의 희망에 찬 시선에 반영되는 듯한 느낌이 들었다.

학원은 이익 산업이다. 학생 수가 많고, 많은 학생들이 몰려드는 강사는 그에 상응하는 보수를 받는다.

그런 판단은 종합적으로 진행되는데, 또 하나의 중요한 판단 근거가 1년에 여러 차례 실시하는 학생들에 의한 강사 평가, 즉 '수업 설문 조사'였다. 아이들은 이해에 민감했다. 특히 수험이란 궁지에 몰리면 그들은 냉정하게 판결했다.

처음 설문 조사에서 나에게 내려진 평가는 '열심히 노력한다.'였다. 좋은 수업이 될 수 있도록, 내 앞에 앉아 있는 학생들을 만족시켜 보내겠다는 생각만 했고, 내가 가진 모든 시간을 수업 연구와 교재 연구에 쏟아부었다.

반 년이 지나자, 이윽고 나는 인기 강사의 한 사람으로 꼽혔다. 꿈꾸는 시간도 잠자는 시간도 아끼며 노력했다. 그런 노력의 바탕에 항상 깔려 있던 것은 언젠가는 모교로 돌아간다는 강한 희망이었다.

학원에서 흔히 듣게 되는 유감스런 말이 있다. 그것은 "학교의 수업은 도저히 못 알아듣겠고, 선생들도 가르치려는 마음이 없다. 학원 선생들을 봐도 마찬가지다."는 말이다.

대형 학원의 근로 조건은 가혹했다. 하루에 두 시간짜리 수업이 두 개, 일주일에 24시간이 넘었다. 더군다나 봄, 여름, 겨울의 특강에서는, 1시간 30분짜리 수업이 6개 추가돼서 하루에 9시간 수업을 했다.

수업뿐이 아니었다. 실력 있는 전임 강사는 각 교실의 책임을 맡았고, 학생들의 성적 관리에서 대학생 파트타임 강사의 지도, 학생 모집에 이르기까지 책임이 있었다. 그리고 결과가 나쁘면 바로 추락이었다. 때문에 모두들 필사적이었다.

그런 근로 조건 때문에, 전임 강사는 모두 젊고 파워가 있는 야심가들이었다. 말을 바꾸면, 그렇게 못 할 거면 그만두라는 식이었다.

학생들은 강사의 수업 내용이 어렵고, 건성건성한다고 생각하는 순간 가차없이 학원을 떠났다.

그러나 학교는 다르다. 그만두는 것이 생각만큼 간단한 일이 아니다. 무엇보다도 친구들과 어울리는 시간이 압도적으로 많기 때문일 것이다.

학원에서 아이들로부터 '학교에 대한 불만'을 들을 때마다, 고등학교 교사를 희망하는 나로서는 마음이 아팠다.

'시각을 좀 바꿔 바라. 학교는 학원보다 더 즐거운 곳이니까.'

입 밖으로 내뱉지 못하고, 나는 몇 번이고 마음속으로 반복했다.

꿈을 담은 우표

학원에서 일한 지 4년. 나는 사회인으로서 어느 정도의 지위를 확보했다. 해외 유명 브랜드의 양복을 입었고, 고급 외제 차도 손에 넣었다. 그런 것들이 풍요로움의 지표는 아니지만, 그럼에도 순조로운 일상이었다.

외톨이였던 불량 소년이, 홀로 사회의 파도를 타고 여기까지 왔다는 것에 대해 어느 정도는 만족감이 있었다. 그러나 그럼에도 마음속에는 모교에 돌아가 학생들과 함께 지내는 나의 희망이 숨쉬고 있었다.

좋은 소식은 한밤중에 날라 왔다. 은사인 아다치 선생님으로부터의 전화였다.

"요시이에 군, 드디어 그 날이 왔네. 내년부터 강의할 새로운 사회과 전임 교원을 채용하게 됐어. 응모해 봐. 이력서와 경력 증명서를 준비하고."

선생님의 목소리는 흥분돼 있었다. 나는 너무나 기쁜 나머지 아파트의 방문을 쳤는데 그만 작은 구멍이 생겼다. 어쩔 수 없이, 이사할 때 14만 엔을 물어줘야 했다.

채용된 것은 물론 아니었다. 그래도 불확실한 기회를 기다려왔다는 사실과 함께 선생님께서 오래도록 나를 믿고 기다려 주었다는 것이 몹시 기뻤다.

다음 날 교장 선생님으로부터 면접 일시에 대한 연락을 받았고, 나는 지금까지의 모든 것을 걸고 도전할 것을 결심했다.

12월, 오랜만에 방문한 요이치 마을에는 큰 눈이 내리고 있었다. 교통사고 때문인지 차가 막혔다. '늦지 않도록, 늦지 않도록…….' 하고 기도했다.

학교에 거의 도착했을 무렵, 아다치 선생님에게서 전화가 왔다.

"눈이 많이 와서 걱정이네……."

주위에 신경 쓰면서, 작은 목소리를 통해 전달되는 따뜻함은 곧 나의 용기로 바뀌었다. 학교 주차장에 차를 주차하고, 모교의 풍경을 감상했다. 너무나 눈부시고, 커 보였다.

직원용 계단을 한 계단 한 계단 올라가, 크게 숨을 쉬고 교직원실 문을 열었다.

"실례합니다. 오늘 면접 때문에 왔습니다."

필요 이상의 경직된 목소리가 교직원실에 퍼졌다.

"아, 면접 보러 오셨군요. 이쪽 방에서 기다려 주세요."

안내를 하는 젊은 선생은 내가 졸업한 후에 부임한 분으로, 나와 관련된 상황을 모르는 분이었다.

아다치 선생님의 모습을 찾았지만, 안 계셨다. 혼자 방에서 기다리자 다소 불안했다. 생각해 보면, 내가 이 곳에 거주했을 당시는 완전히 '불량'이었다. 좀전에 나를 맞아 준 선생 같은 상쾌함은 나에겐 없었다. 상쾌함도 그 사람의 개인사가 연출해 내는 것이다. 내가 그런 상쾌함을 연출한다면 '수상한 냄새'로 바뀔 것이 뻔했다. 점점 더 불안해졌다.

"똑, 똑."

노크 소리와 함께 그리운 얼굴이 차를 들고, 옛날과 똑같이 미소 띤 얼굴로 들어왔다. 서무를 보는 안도 씨였다.

"아다치 선생에게서 늘 듣고 있었어요. 오늘 잘 하세요. 긴장하지 말고, 편하게!"

안도 씨가 나를 기억하고 있어서 몹시 기뻤다. 게다가 아다치 선생님이 '항상' 나에 대한 이야기를 했다는 것 또한 기쁘게 느껴졌다. 그리고 다시 불안은 힘으로 바뀌었다.

안도 씨는 교직원실에서 없어서는 안 될 사람이었다. 전화 업무, 회의 자료와 시험지 인쇄, 제반 수속과 관련된 업무, 방문객 안내에서 직원의 중요한 서류 관리까지 다양한 일을 맡고 있었다. 학교에 다닐 때 쉬고 있는 그녀를 본 적이 없었다.

그뿐이 아니었다. 교직원실을 찾은 다양한 학생들을 때로는 질책도 하고, 때로는 용기를 북돋워 주기도 했다. 당시 우리 반 아이도 몇 번인가 안도 씨에게 큰 도움을 받은 적이 있었다. 쉬는 시간에는 안도 씨 책상 주위에 많은 학생들이 모여들곤 했다. 자신의 일이 방해받는데도 불구하고 학생들의 이야기에 귀를 기울였다. 이런 사무원이 과연 일본의 다른 학교에도 있을까? 호쿠세이 고등학교는 직위와 업무 내용을 넘어서, 전원이 '교육'이란 장대한 일에 종사했다.

안도 씨는 호쿠세이 고등학교의 1기생이다. 나의 대선배이기도 한데, 나는 그녀에게 늘 귀여움을 받았고, 여러 모로 그녀에게 감사하고 있다.

면접이 시작됐다. 나는 교육에 대한 생각을 열심히 말했다.
"그러면 결과는 나중에 우편으로 보내겠습니다."
면접은 끝났다. 아쉽거나 후회는 없었지만, 면접 중에 들었던 사회과 전임 교원 모집에 10명 이상이 응모했다는 사실이, 마음을 무겁게 했다.
늘 경쟁에 시달려야 하는 베이비붐 세대. 그러나 나는 늘 그런 경쟁을 회피해 왔다. 그렇지만 이번만은 달랐다. 이것은 '희망'이 받아들여질 것인가 아닌가 하는 문제였다. 경쟁이 아니라 희망이기 때문에 내 마음속에 확실한 자신감이 생겼다. 그런 내면의 말을 들으며 불안을 쫓아냈다.

1998년 12월 25일. 세상이 크리스마스로 온통 취한 날, 나에게 한 통의 편지가 왔다. 채용이 결정됐음을 알리는 내용이었다.
학교를 떠나고, 집을 떠나, 혼자서 인생을 걸고, 호쿠세이 고등학교의 문을 두드렸었다. 1988년 어느 날로부터 10년, 나는 다시 모교에 돌아올 수 있는 자격을 손에 넣었다.

다시 모교로

1999년 4월, 나는 교사로서 모교에 돌아왔다. 28세의 봄이었다.

호쿠세이 고등학교는 내가 다녔던 시절에 비해 경관이나 제도 등이 크게 바뀐 상태였다. 창문 틈으로 외풍이 들어오고, 마루에서 삐걱 소리가 나던 낡은 학교는 아름다운 건물로 바뀌었다. 각 교실에 설치되었던 석탄 난로는 수명이 다하고, 히터가 아직 쌀쌀한 봄날의 학교를 따뜻하게 해 주었다.

교복은 폐지되었고, 두발도 자유화되었다. 학생들이 좋아하는 옷차림과 컬러풀한 헤어 스타일 때문인지 학교는 예전보다 훨씬 밝아진 느낌이었다.

학생들도 옛날과 비교하면 크게 달라졌는데, 사회 문제가 된 '등교 거부' 경험자가 중퇴하고 다시 학교를 찾는 학생들보다 훨씬 많았다.

그러나 여전히 변하지 않은 것이 하나 있었다. 그것은 그 곳에 모인 학생들은 마음속에 알게 모르게 상처를 간직하고 있다는 것과 무거운 마음의 짐을 지고 이 곳까지 힘겹게 찾아왔다는 사실이다.

1학년으로 들어온 학생들은 대부분 교사와 어른들을 불신했다. 그런데 호쿠세이 고등학교의 교육은 그런 학생들의 마음과 맞닥뜨리는 것에서부터 시작한다. 불신감을 가진 학생들은 어른들의 위선에 대해 이런저런 이야기를 한다. 그리고 오래도록 형성된 교사와 어른에 대한 불신감은 쉽사리 사라지지 않는다. 시간과 인내, 그리고 무엇보다도 애정이 필요하다. 나는 그런 일에 종사할 수 있다는 것이 무엇보다도 행복했다.

염원했던 모교에 돌아온 지 1년째, 나는 현대 사회 1학년 수업을 맡았고, 같은 1학년의 부담임이 되었다. 또한 학생회와 방송국의 고문을 겸임했고, 요코노리 동호회라는 서핀·스노보드·스케이트보드 경기를 연구하는 서클도 만들었다. 완전히 풀가동이었다.

처음 접한 호쿠세이 고등학교 1학년생들은 귀여웠다. 담임은 아니었지만 휴일에도 같이 놀았다. 학생들이 문제를 일으켰을 때에는 혼내기도 했고, 같이 울기도 했으며, 진흙투성이가 된 그들과 함께 뒹굴기도 했다.

수업도 철저하게 진행했다. 현대 사회 과목은 비교적 범위가 넓은 교과여서, 일주일에 4시간이 배정되었다. 빈 시간을 이용해 교재도 만들고, 학생들 반응이 안 좋으면 수업 방법을 바꾸기도 했다. 그래서 같은 단원, 같은 수업 내용인데도, 반에 따라서 수업용 복사물이 다른 경우도 종종 있었다.

정말 꿈같은 1년이었다. 그리고 그 때부터 4년이 지난 지금도, 그런 수업 태도를 바꾸지 않고 있는 내 자신이 자랑스럽다.

내 책상이 놓인 뒤편이 아다치 선생님의 자리였다. 같은 장소에서 같은 상황을 보고, 같은 문제에 몰두하는 것이다. 나는 선생님에게 칭찬받는 것이 좋았다. 그래서 더 열심히 활동했다. 그렇다, 나는 아다치 선생님 앞에서는 언제까지나 학생일 뿐이었다. 그런 상황에 신경이 쓰이는지, 아다치 선생님은 나를 특별하게 대하지도 않았고 거의 말을 걸지도 않았다. 은사에게는, 나를 한 사람의 교사로 키우고 싶다는 강한 바람이 있었다.

나도 그런 마음을 충분히 이해하고 있었다. 그래서 더욱더 나태에 빠지지 않기 위해 노력했다. 학교 안에서, 학생들의 문제 이외의 주제로 선생님과 대화를 나눈 기억은 한 번도 없었다. 그럼에도 힘들 때면 슬그머니 선생님의 뒷모습을 보곤 했다. '괜찮아, 언제나 지켜보고 있으니까······.' 뒷모습으로 이런 말씀을 하시는 듯한 느낌이 들었다.

아다치 선생님은 진짜 훌륭한 교사였다. 학생들이 있을 때는 물론, 내가 학생회 일이나 수업 자료를 만들기 위해 밤늦게까지 학교에 남아 있을 때도, 반드시라고 해도 좋을 정도로 그 곳에 선생님의 모습이 있었다. 그 작은 몸 어디에 그런 힘이 잠재되어 있는지 의문이 들 정도로, 늘 학생들을 생각하며 일하고 있었다.

나는 그런 모습을 본받으려 했다. 꿈이라 불러도 좋을 만한 은사에게 인정받는 교사로 성장하기 위해서, 학생들의 미래를 생각하면서 온 힘을 다해 노력했다.

시간은 순식간에 지나갔다. 그리고 새해를 맞아 3학기가 시작된 어느 겨울날, 나는 아다치 선생님의 개인 사무실에 불려 갔다.

"내 체력이 한계에 온 것 같아. 다리도 움직이기 힘들고, 목소리도 크게 나오지가 않네. 그래서 모두에게 짐이 되지 않기 위해서, 조금 빠르지만 3월에 퇴직을 결심했어. 요시이에 군에게 가장 먼저 말해야 할 것 같아서……."

나는 할 말을 잃었다. 그토록 건강하고 강한 선생님이었는데……. 늘 보고 있었지만, 선생님의 몸이 그런 상태였는지는, 꿈에도 생각하지 못했다.

"요시이에 군은 잘하고 있지. 자네는 내가 5년 걸렸던 일을, 단지 1년 만에 해냈어. 그래서 난 안심하고 퇴직할 수 있어. 지금부터 호쿠세이는 젊은 힘에 달려 있어. 뒤를 잘 부탁해."

내가 학생이었던 시절, 아무도 없는 교실에 남아 함께 걸레로 마루를 닦으면서 "이 학교와, 이 학교의 학생들은 내 보물."이라고 했던 아다치 선생님이, 옛날과 조금도 다름없이 학생들을 위해 애쓰시던 아다치 선생님이 퇴직을 결심한 것이다. 그런 결심의 의미와 무게가 가슴을 저리게 했다.

눈물이 나올 것 같았다. 그러나 선생님은 눈물을 원치 않을 것이라고 생각했다. 나는 애써 눈물을 참으며 말했다.

"괜찮습니다. 선생님의 가르침을 계속 지키겠습니다."

그렇게 말하는 것이 눈물을 참을 수 있는 한계였다.

"선생님이 걸었던 길을 따라가겠습니다."

어느 덧 불량 소년의 꿈은, 조용하지만 확실해지기 시작했다.

6. 호쿠세이 고등학교

학생들을 지킨다

　호쿠세이 고등학교 교사들이 학생들을 대하는 태도는 전국에 자랑할 만한 재산이다. 바깥에서 볼 때는 분명 호쿠세이 스타일이라고 할 만한 것이다.

　내가 교사로 있으면서 현장에서 깨달은 것은, 시대가 만든 왜곡된 상황에 적응하지 못하고 우리 학교에 온, 마음에 상처가 있는 학생들과 대치할 때, 개개의 교사가 그런 상황과 부딪치는 것이 아니라 교사 전체가 힘을 합쳐서 대응하고 있다는 것이다. 또한 교사들 스스로 이러한 대응 방식에 강한 신뢰감을 가지고 있었다.

　교육은 한 사람의 힘만으로는 불가능하다. 만약 한 사람의 슈퍼맨이 있어서 혼자서 학생 전체를 능숙하게 다룰 수 있다고 해도, 학생들이 그런 상황을 거부한다면 모든 것이 헛수고로 끝날 뿐이다.

호쿠세이 고등학교는 모든 교사와 학생이 힘을 합쳐서 문제를 대하고, 극복해 가는 것을 근간으로 삼고 있다.

쉬는 시간이 되면, 교직원실은 늘 학생들로 붐볐다. 부임해서 처음 그런 광경에 직면했을 때, 너무 놀랐다. 왜냐하면, 내가 학생으로 있을 때 교직원실을 가는 것은 사고를 쳐서 불려 가는 경우였기 때문에 일상적인 교직원실의 풍경을 제대로 본 적이 없었다.

학생들은 담임, 교과 담당 같은 것과 관계없이, 저마다 자신과 마음이 통하는 선생들을 찾았다. 그리고 선생들은 그런 학생들의 방문을 친절하게 맞아 주었다.

담임에게서 도망쳐서, 불만을 해소할 통로를 찾는 경우에는, 이야기를 확실히 듣고 난 후, 질책하거나 타일러서 다시 담임 선생에게 돌려보냈다.

모든 교사가 같은 목적 아래서 역할을 담당했다. '같은 목적'이란 학생들이 밝음을 되찾고, 희망을 갖고 미래를 개척해 나가도록 지켜 주고, 질책하고, 칭찬하고, 교육시키는 것이다.

문제 있는 행동에는 의연하게 대응했고, 잘한 일에는 같이 기뻐했다. 학생들이 하나의 인격체로 서 있지 못할 경우에는 뒷받침이 되었고, 쓸쓸할 때는 친구가 되었다.

그렇지만 모든 것이 순조롭게 진행된 것만은 아니었다. 학생들의 행동이 혼란을 야기하기도 했고, 불행한 결과로 이어진 경우도 많았다. 교육에 절대적인 이론 따위는 없기 때문이었다. 그러나 그런 문제들도 교사들 전체의 문제로 생각하고 공유했다.

이런 교사들의 연대와 협력이 처음부터 있었던 것은 아니었다. 개교 이래 서로 힘을 합치지 않으면 결코 해결될 수 없었던 수많은 시련을 거친 끝에 정착된 것이다.

이전에 교장 선생님과 이야기할 때, 교장 선생님은 웃으면서 이렇게 말씀하셨다.

"우리 교사들이 관계가 좋은 건, 학생들 덕분이지. 한 사람 한 사람 보고 있으면, 자네를 포함해서 전부 개성이 강해서 말이야."라고.

확실히 그렇다고 생각했다.

"분열하면 학생들을 지키지 못한다. 힘을 합쳐야만 학생들을 지킬 수 있다."

그런 절실한 배경이 있었다.

이런 협력 체제는 다른 관점으로 문제를 바라보는 것을 가능케 했다.

예를 들면, 담임과 그 이외 교사들의 역할 분담 같은 경우다. 호쿠세이 고등학교에는 담임 순환 제도가 있었다. 1학년 담임을 맡아 2학년, 3학년이 되어 졸업생을 배출하면, 그 다음해에는 담임을 맡지 않고 교무 분담이라는, 입시와 학생회 고문, 생활 지도부 등 학교 운영에 관한 일만 맡는 시스템이었다.

모든 교사들이 예외 없이, 이런 순환 업무를 담당했다. 담임이 가장 중요하고 막중한 임무였다. 그런 공통된 인식의 바탕에는, 학생 지도의 측면에서도 명확히 역할 분담을 근거로 학생들을 이끌기 위한 방법론적인 긴장 관계가 있었다.

호쿠세이 교육은 학생들을 집단 속에서 교육시킨다는 전제 위에, 그 속에서 일어나는 문제들에 대해서는 '그 학생을 지킨다.'는 입장으로 대응하는 측면과, 처분을 전제로 공평하게 다뤄야 한다는 관리적 측면 사이의 긴장 관계 속에서 작동했다. 전자의 역할은 주로 담임이 맡았고, 후자는 주로 생활 지도부가 맡았다.

물론 다른 학교에도 크고 작은 차이는 있지만, 누군가가 순환 업무로 담임을 맡고, 누군가가 교무 분담과 생활 지도를 맡는다.

학교는 언뜻 모순처럼 보이는 이런 시스템을 의식적으로 전체 문제화해서, 억지스럽지 않게 통일적으로 기능하도록 하면서 좀더 곤란한 문제들에 대응했다.

교직원 회의에서 특히 학생들과 관련된 문제가 있을 경우, 때에 따라서는 아침까지 모든 교사가 논의를 하는 경우도 있었다. 여기에는 신참 교사나 베테랑 교사와 같은 구별은 없었다. 담임은 학생들을 보호하는 입장에서 주장하고, 생활 지도부는 공평한 처리를 원칙으로 문제 제기를 했다.

누구든 자유롭게 자신의 의견을 개진했다. 어쨌든 교사 전원이 납득할 때까지 계속해서 논의를 했고, 모든 의견이 피력되고 나서야 다수결에 붙여 결론을 냈다. 어떤 결과가 나오더라도 그것을 전체 결론으로 의사 통일을 했다.

모교에 돌아와, 처음 그런 교직원 회의에 참가했을 때 깜짝 놀랐다. 한 사람의 학생 때문에, 늦은밤까지 진심으로 논의하는 교사들을 마음속으로부터 존경하게 되었고, 일원이 된 것이 자랑스러웠다.

아무리 바쁜 일상 속에서도, 아이들과 관련된 것을 더 많이 이야기하면 좋겠다. 시간을 들여 이야기하면 좋겠다. 아이들은 어른들의 그런 모습을 보고 있기 때문이다.

열린 교육의 힘

호쿠세이 고등학교는 1992년, 당시 상상도 하지 못할 완전 주 5일제 수업을 도입했다. 쫓겨나서 결국 학교에 남는 것을 거부당한 학생들. 이들에게 필요한 것은 '미래를 꿈꾸는 것이 가능한 장소'와 '마음 편하게 미래를 천천히 생각해 볼 수 있는 여유'였다.

학교란 말의 어원이 '융통성'인 것을 생각하면, 이런 시도는 여타의 학교와 비교할 때 10년 이상 앞선 진보적인 기획이었고, 학교라는 본래의 의미를 되살려 보려고 한 시도이기도 했다.

교육을 둘러싼 환경에 귀를 기울이면, 주 5일제 수업에 대한 논의를 자주 들을 수 있다. 또 문부과학성이 제창한 '융통성 있는 교육'의 문제에 대한 논의 또한 곧잘 끼어들곤 한다.

원래 교육에는 '융통성'이 필요하다. 교육이란 이름으로 내몰리는 상태가 지속된다면, 아이들은 변화하는 상황을 소화하기에 급급해서, 천천히 자신의 미래를 생각할 여유가 없다. 생각하는 동안에, 이미 다음 단계가 대기하고 있기 때문이다.

그리고 간신히 대학이란 단계에 도달해서 비로소 '여유'를 갖고 자신의 인생과 장래를 생각해 보지만, 자신이 손에 넣은 것이 '학력' 이외에는 없다는 사실을 깨닫게 된다.

결국 '무엇을 할 수 있을지 잘 모르겠다'는 불안감에 휩싸여 가능한 한 풍파 없이 살고 싶다는 안정 지향으로 기운다.

반면 이런 흐름을 만든 장본인들인 어른들은 소리 높여 탄식한다. "요즘 애들은 꿈이 없다."고. 게다가 옛날에는 죽을힘을 다해서 공부했으며, 뒤돌아볼 여유도 없이, 정신없이 살았다고 덧붙인다. '여유' 같은 것이 없었어도 미래를 향해 죽어라 노력했노라고 말이다. 요즘 애들은 이런 게 없다고 탄식을 하기도 한다.

그러나 이것은 다른 문제다. 전후 부흥기에서 고도 성장기로 이어지는 과정에는 누구에게나 확실한 '희망'이 존재했다. 오늘보다 내일, 내일보다 미래가 풍요로울 것이란 믿음이 사회 전체를 감싸고 있었다. 약속된 희망을 향해 최선을 다해 노력하기만 하면 됐다.

그러나 지금의 아이들에겐 약속된 희망 따위는 존재하지 않는다. 불안 속에서 자신의 가능성을 생각할 여유가 없는 상태에 내몰려 있다. 멈춰서면 학교라는 장소에는 '좌절'만이 기다리고 있다. 이런 그들이 안심하고 자신의 능력과 가능성을 생각할 '여유'가 필요한 것은 분명하다.

그러나 나는 지금의 주 5일제 수업이 반드시 옳다고 생각하지는 않는다. 사회의 주류인 어른들이 만들었다고 한다면, 아이들에게 부여된 '여유'에도 이런저런 명확한 책임을 줘야 한다.

아이들은 부여받은 '여유'의 사용법을 모른다. 왜냐하면, 그 동안 '여유'라는 레테르가 붙은 수업을 경험한 적이 없기 때문이다. 그래서 '여유'라는 말이 단지 쉰다는 의미만 강조되어 평상시에는 실현할 수 없었던 '욕망'을 소비하는 시간으로 변질돼 버렸다. 게임을 한다거나 친구들과 '어른들의 눈길이 닿지 않는' 놀이를 하는 식으로.

그리고 욕망을 해소하는 '즐거운' 시간의 비중이 높아지면 높아질수록, 그 때까지 일상에 얽혀 있던 시간에 대한 의문에 휩싸이게 마련이다. 청소년 문제의 많은 부분은 이런 상황에 기인한다.

사실, 호쿠세이 고등학교에서도 '사건'은 토요일, 일요일에 일어나는 경우가 가장 많았다.

학교의 완전 주 5일제 수업은 '학생을 위한 여유'인 동시에 '교사를 위한 여유'이기도 하다. 제비뽑기로 결정하는 토요일 당직 이외에는 교사를 구속하는 것은 없다.

나는 휴일의 많은 날을 학생들과 함께 보내고 있다. 낚시를 가거나 온천에 가기도 하며, 드라이브를 하거나 서핑을 하는 경우도 있다.

학교라는 장소와 떨어지면, 학생들은 학교에서 보았던 모습과는 완전히 달라져서 밝은 모습을 보이기도 하고, 속마음을 터놓기도 하며, 약한 모습을 드러내기도 한다.

높은 신뢰나 상호 이해는 서로의 생각을 나누는 시간과 비례한다. 문제는 주어진 '여유'를 받아 안을 수 있는 기반이 무엇인가 하는 점이다.

휴일인 토요일에 아이를 학원에 보내는 부모가 많은데, 그 전에 학원에 보내더라도 아이들과 대화를 해서 이해를 두텁게 하는 것이 좋으며 그들에게 확실하게 동기 부여를 해야 한다.

갑작스런 제도의 변화가 어른들의 라이프 사이클에 커다란 문제를 주는 것처럼 아이들에게도 역시 불안한 것이기 때문이다.

'여유'는 어른과 기성 사회가 아이들에게 부여하는 것인 이상, 책임감을 갖고 배려해야만 하며, 이것이 어른들의 의무이다.

제2의 학교

학생의 약 80퍼센트는 요이치 마을에 있는 40개 정도의 기숙사와 하숙집에서 생활한다. 그런 기숙사와 하숙집은 학교가 운영하는 것은 아니고, 지역 주민들이 운영한다.

학생들이 오지 않아 학교가 폐교되면, 기숙사나 하숙집도 유지할 수 없게 된다. 또 기숙사나 하숙집이 붕괴되어 기능을 못하게 되면 학교도 공동화될 수밖에 없다. 어느 한쪽에 문제가 생기면, 적은 인구로 골치를 썩고 있는 이 지역에 그늘이 생긴다. 결국 하나의 운명 공동체였다. 차로 비유하면 차체는 요이치 마을이고, 학교와 기숙사는 양쪽 바퀴, 엔진은 말할 것도 없이 '학생들'이며, 연료는 '성장'이었다.

각각의 영역이 이렇게 저렇게 기능하면서 미래를 향해 나아가고 있는 것이다.

학생들의 경우 수면 시간까지 포함하면, 학교에 있는 시간보다 기숙사나 하숙집에 있는 시간이 더 길다. 자기에게만 매몰돼 있는 학생, 타인을 거부하는 학생, 집단에서 소외된 학생, 반사회적 집단을 통솔하는 학생……. 전국에서 모인 나이와 개성이 다양한 학생들은, 공동 생활을 하는 기숙사나 하숙집에서 많은 충돌과 실패를 반복하면서 '규칙'과 '신뢰'를 형성해 간다. 학생들은 이곳에서 공동 생활을 통해 타인을 인정하고 약자를 존중하는 것이 얼마나 중요한지를 배우게 되는 것이다.

그런 의미에서 기숙사나 하숙집은 분명히 '제2의 학교'였다.

학교는 기숙사나 하숙집과 긴밀하게 연락을 주고받았고, 기숙사나 하숙집도 학교에 대한 다양한 조언과 역할을 담당했다. 또한 양자는 지역의 이해와 협력을 구하는 활동도 했다. 붕괴될지도 모르는 아이들에게 이상적인 환경, 즉 '지역', '학교', '가정'이란 영역이 기능적으로 연계되는 것이라면, 요이치 마을은 그런 모델로서 존재 가치가 있을 듯하다.

이러한 이상적인 환경을 붕괴할 수 있는 여러 요인이 전통적인 일본 문화 속에 뿌리 깊게 박혀 있는데, 그 중의 하나가 바로 완고하고 폐쇄적 지역 사회이다.

'수치'를 무엇보다 끔찍한 공포로 여기는 지역 사회는, 문제가 누설되는 상황을 극단적으로 두려워하며 끝까지 은폐하려 든다. 그리고 그것이 일단 알려졌을 때는 저마다 책임을 회피하면서 필사적으로 자기 방어를 한다. '체제'를 지키기 위해서 말이다.

교육을 시행하는 어른들조차 자신들의 시스템을 지키는 것을 우선해서 교육의 대상자인 '아이들의 미래'를 지킨다는 관점을 놓치는 경우가 많다. 참 슬픈 현실이다.

호쿠세이 고등학교는 현실적으로 그런 상황에 빠지는 것이 불가능하다. 그런 상황이 없는 것이 아니라 불가능하다.

학교에서 일어나는 다양한 문제는 여러 학생들에 의해 기숙사와 하숙집에 전달된다. 또한 기숙사나 하숙집에서 벌어진 일들은 그와 비슷하게 학교로 전해진다. 그리고 양쪽에서 일어난 일들은 지역 주민도 포함된 기숙사와 하숙집에 의해 지역 사회 전체 문제로 발전되기 마련이다.

호쿠세이 고등학교를 둘러싼 표면화돼 버린 문제들은 놀랄 정도로 많다. 그러나 이런 상황을 기능이 연계되어 있는 지역적 특수성 탓으로만 돌릴 수는 없을 것이다.

인간은 약하다. 그것은 아이든 어른이든 마찬가지다. 그리고 혼자서는 누구라도 무기력하다. 때문에 서로 힘이 되기 위해 커뮤니티를 만드는 것이다. 모든 어른들은 한번쯤 멈춰 서서 자신의 무기력함을 인정하고 그런 바탕 위에서 교육에 협조하고 연계할 필요가 있다.

호쿠세이 고등학교의 기숙사와 하숙집의 존재 방식은 그런 일상적인 움직임을 통해서 '가정'에 대한 중요한 제언을 하고 있다.

처음 반을 맡다

38인과 한 사람의 항해

2000년 4월.

나는 처음으로 반을 맡았다. 호쿠세이 36기생인 1학년 B반의 담임이었다.

1학년은 다섯 개 반으로 구성되었다. 내가 맡은 1학년 B반은 자신들의 가능성에 도전하기 위해 전국에서 38명이 모였다.

입학식.

그들에게는 불안한 시작이었다. 그런 그들에게 교사들은 매년, 어떤 노래를 선물한다.

'폭풍'(노보리 신신 작사·작곡)이란 노래였다.

폭풍

1.
슬픈 듯한 너를 위해
이 노래를 보낼게
내일 아침에는 너의 얼굴에
웃음 되찾도록

2.
슬픔에 잠겼던 것이나
고통에 괴로워했던 것이
내일을 살아가는 힘이
되어 줄 거야

3.
살아있다면 외쳐 보고싶다
저 태양이 지기 전에
오늘 하루도 확실하게 산
우리들이니까

4.
포근한 남풍과
눈 녹은 물의 차가움이
길었던 겨울의 끝을
전해 주네

(후렴)
비, 비, 바람, 바람
세차게 불어 봐라
그럴 때일수록
우리들은 또 강해져 간다

모두 진지하게 귀를 기울였다. 그리고 자리에 함께 한 부모들의 눈에서는 눈물이 흘렀다. 졸업식이 아니라 입학식에서. 그리고 그 눈물은 '이 장소'에 오기까지의 고뇌를 이야기하기에 충분했다.

나는 38명의 학생들에게 힘주어 말했다.
"오늘부터 저마다의 목표를 향해 함께 가자. 고통스러우면 언제든 말하고, 불안해도 언제든지 찾아와라. 그리고 기쁜 일은 같이 즐거워하자. 그렇지만 한 가지만은 절대로 허락할 수 없다. 그것은 반 동료들의 존재를 더럽히는 행위다. 이 학교에는 다양한 학생들이 모여 있다. 폭력과 이지메는 절대 안 된다. 그것만 기억해 두면 좋겠다. 그리고 모두 성장하는 것처럼, 나도 성장할 수 있도록 전력투구하겠다. 1학년 때가 승부처다. 전원 진급을 위해 노력하자."

당연한 인사였다. 그리고 시대의 흐름과는 맞지 않는 열렬한 인사였던 것 같다. 사실 나는 곧잘 '열정적'이란 놀림을 받았다. 그럴 때면, 나는 인간을 사랑하고 소중하게 생각할 때 마음이 뜨겁지 않은 사람이 과연 있을까, 하고 생각했다.

당연한 것이 당연한 것이 되지 않는다면, 나는 '보통의 불량'으로 충분했다. 그리고 나는 꼴사납고 상황이 어려워도 열정적인 마음만이 학생들의 마음으로 들어갈 수 있는 '열쇠'라는 사실을 믿고 있었다.

나 또한 약한 면이 있는 불완전한 인간이다. 때문에 아이들이 성장하는 것만큼은 아니더라도 내 자신 또한 성장하기를 바랐고, 노력했다. '더불어 성장'하는 것이다.

교육이란 장 안에서는, 교사는 교사로서, 부모는 부모로서, 학생들은 가능성을 지닌 존재로서 모두가 성장해야만 한다. 만약 교육에서 모두가 더불어 함께 하는 것이란 전제가 결여된다면, 그것은 아이들에게 견디기 힘든 고통이 될 것이다. 언제나 그들과 함께 성장하고 싶다.

1학년 B반의 생활은 이렇게 시작했다.

쇠파이프 사건

36기생은 개성을 발휘하는 것이 빠른 편이었다. 그 정도로, 정직한 학생들이 많다는 말이다. 학기가 시작할 틈도 없이 접어든 4월, 화장실은 담배 연기로 가득 찼고, 사소한 다툼을 비롯해서 폭력 사건이 잇달아 발생했으며, 그런 상황을 두려워해서 학교에 나오기를 주저하는 학생들도 생겼다. 각 반의 담임들은 상황에 대처하기 위해 연일 밤중까지 눈코 뜰 새 없었다.

우리 반도 예외는 아니었다. 최초로 반을 흔들어 놓은 사건이 입학식이 끝나고 일주일밖에 지나지 않아 일어났다.

애들이 '쇠파이프 사건'이라고 부르는 폭력 사건이었다.

우리 반 애가 옆 반에 쇠파이프를 들고 난입한 있을 수 없는 사건이었다. 입학 초기에 학생 간의 세력 다툼은 극렬했다. 이런 상황은 지금이나 옛날이나 똑같았다. 누가 자신의 영향력을 확보하는가 하는 문제가 '눈치 보는' 아이들에게는 최대의 관심사였다.

다른 사람의 행동을 엿보면서 상황을 넘기는 학생, 자신의 과거를 과시하면서 타인에게 공포심을 일으키는 학생, 그런 학생에게 빌붙어 자신의 영역을 구축하는 학생, 친한 체하며 여러 그룹과 넓게 접촉하는 학생, 그리고 허세를 부리는 학생. 다양한 생각이 교차하는 얼마간의 시간 동안 냉전은 계속 이어졌다.

그리고 사소한 문제가 갑자기 폭력 사건으로 발전하기도 했다. 지금의 국제 사회와 다를 바 없는 형국이다. '쇠파이프 사건'은 그런 흐름 속에서 당연한 것처럼 일어났다.

옆 반 학생이 일찍부터 점찍어 두었던 여학생의 사진을 가지고 장난치는 것을 우리 반 학생이 사진으로 찍었는데, 그것이 사건의 발단이었다. 그 여학생을 좋아했던 학생과 그 패거리들은 우리 반 학생을 불러내 여러 사람이 보는 앞에서 머리를 조아리게 했다. 상당히 굴욕적인 일이었다. 때문에 사진을 찍은 것만으로 땅에 머리를 조아리며 사과하기는 쉽지 않았다. 그러나 자신을 바로잡기 위해 혼슈에서 이 학교까지 온 것이었고, 만약 교내에서 사고를 일으키면 퇴학당할지도 몰랐다. 그래서 그 학생은 땅에 머리를 조아리는 굴욕적인 방법을 선택했던 것이다.

그러나 시간이 지나면서 그는, 자신이 그렇게까지 했던 것에 대해 화가 났다. 그런 정도의 일은 고향에서도 경험했던 학생이었다. 그런 과정은 충분히 예측할 수 있다. 그리고 그는 폭발하는 분노를 억제하기 위해서 교직원실에 있는 나를 찾아왔다.

"친구들과의 문제로 선생님에게 상담하는 것은 처음입니다."라고 말하고는, "지금 내가 교실에 있으면 참을 자신이 없어서요. 아마 폭발하고 말 거예요. 선생님, 어떻게 하는 게 좋을까요?" 하며 절실하게 자신의 심정을 토로했다.

곧바로 당사자들을 전부 불러 담임을 바꿔서 지도했더라면 '쇠파이프 사건'으로까지는 가지 않았을 것 같다. 그러나 나는 판단을 잘 못했다. 격앙된 학생의 마음을 누그러뜨리는 것이 먼저라고 생각해서 조퇴 허가증을 끊어서 하숙집으로 돌려보냈다.

하교 도중에 그 학생은 분을 참지 못 하고 떨어져 있는 쇠파이프를 집어 들고 다시 학교로 돌아와 옆 반 교실에 난입한 것이었다.

여러 선생님이 그 학생을 말리기 위해 들어선 순간, 다행히 그는 이성을 찾아 큰 피해는 없었다.

그런 문제를 일으키게 한 것은 완전히 나의 안일함 때문이었다. 수업이 끝나면, 그의 숙소를 찾아가 그 문제에 대해 이야기하고, 그에게 머리를 조아리게 만든 녀석들에게 책임을 추궁하겠다고 생각한 나의 안일함이 문제였다. 아무리 바쁘다고 해도, 그가 내게 상의하러 왔을 때 손을 썼어야 했다. 다음 시간에 수업이 있었다는 말을 할 필요는 없었다. 빨리 사건의 발단을 제거해야 할 책임이 나에게 있었다.

방과 후에 긴급하게 교직원 회의가 열렸다. 그는 문제가 미수로 그쳤기 때문에 퇴학은 면했지만 무기정학을 받았다.

내 책임이었다. 그 학생에게는 상의할 대상이 나 외에는 없었다. 풋내기 같은가 그렇지 않은가 하는 문제와 관계없이 나의 안일한 판단이 문제를 유발시켰다. 나는 자신을 철저하게 책망했다. 그렇게까지 자신을 책망하는 것은 좋지 않다고 조언을 하는 선생님도 있었다. 나는 알고 있었다. 나란 인간은 문제가 있을 때 철저하게 자신을 추궁하지 않으면 똑같은 일을 반복하는 약한 존재라는 것을. 때문에 자신을 책망했으며 그것으로 위안을 삼고 싶다는 생각이 들었다.

그 날부터 나는 변했다. 아니 바뀌지 않으면 안 됐다. 그 곳에 모인 아이들을 지키기 위해서, 그리고 그 곳에 모인 아이들의 미소를 되찾기 위해서.

그 후로도 사건은 끊이지 않았다. 담배, 집단 음주, 시너, 폭력, 실종, 틀어박히기……. 정학 중에 부모의 말을 듣지 않는 학생 때문에 혼슈까지 가정 방문을 하기도 했고, 학교를 그만두려는 학생의 집까지 가는 데만도 5시간이 걸리는 곳까지 갔다 온 적도 있었다.

그것만이 아니었다. 사건 때문에 시달리고 명랑함이 사라진 아이들도 있었다. 그런 아이들을 바쁘다는 핑계로 그냥 놓아둘 수는 없었다.

나는 모든 시간을 학생들에게 썼다. 언제 하루가 시작하고 끝나는가 하는 감각조차 마비됐다.

볼품이 없어졌다. 식욕도 감퇴했고, 체중도 갈수록 줄었다. 좀처럼 진정되지 않는 36기생들과의 격투 때문에 학년 주임이 쓰러져 입원했다. 남은 교사들은 힘을 합쳐 밤낮을 가리지 않고 문제에 대응하는 것을 어쩔 수 없다고 생각했다.

그런 상황에서, 나를 지탱해 준 것은 역시 학생들이었다. 상처를 아는 사람들은 무기력함에 대해 관대하다. 생각 있는 학생들은 한결같이 나를 독려해 주었다. 또한 어떤 학생들은 하루도 지각이나 결석을 하지 않고 학교에 다니는 성실함을 보여 줌으로써 내게 힘을 주었다. 그 중에는 매일 5시 반에 일어나, 삿포로에서 통학하는 학생도 있었다. 그리고 혼란함 속에서도 초심을 잃지 않고 분명하게 생활하는 친구들은 자연스럽게 신뢰를 얻고 인기를 끌었으며, 이렇게 두각을 나타낸 아이들이 반의 구심점이 되었다.

학생들의 근면함과 노력은 언제나 나에게 새로운 힘이 되었다. 가을이 깊어지면서 반의 분위기도 변했다. 나는 그런 변화를 주의해서 보았다. 그것은 많은 시간을 공유했던 그들이 '학생'이 아니라 더불어 역경을 넘어선 '동료'로서의 모습이었다.

2학년 C반 추억의 교실에서

호쿠세이 고등학교는 2학년에 올라가면서 전학생과 편입생을 받고 반을 재구성한다. 그에 따라 다양한 혼란을 넘어서 각 반 사이의 연대가 생긴다. 뿔뿔이 흩어져서 새로운 담임, 새로운 친구, 새로운 환경 속에서 새로운 관계 만들기를 시작했다. 학생들에게도, 처음으로 담임을 맡았던 나에게도, 정들었던 반 아이들과 헤어지는 아쉬움은 있었지만, 그것은 호쿠세이 고등학교의 교육 방침의 하나였다.

3학기 종업식과 함께 반을 해산하고 난 뒤에 혼자 남아 1학년 B반을 청소하자, 여러 기억들이 떠올라 눈시울이 뜨거워졌다. 그럴 정도로 많은 것을 함께 했고, 어려움을 이겨냈기 때문이다. '모두 흩어져도 열심히 해라…….' 마음속으로 이렇게 중얼거렸다.

새로운 반은, 홋카이도와 일본의 동서 지역 등 출신지를 대체로 균등하게 배분하고 다양한 관계를 고려해서 다섯 개 반으로 구성했다.

그리고 누가 어떤 반의 담임을 맡을지는 '제비뽑기'로 결정했다. '이보다 적절하다'고 생각할 수 있는 다른 방법도 있을 것이다. 그러나 미래는 아무도 알 수 없다. 좋은 반이 될지, 담임과 학생의 성격이 맞을 것인지는 그 시점에서는 누구도 알 수 없다. 가능하면 '인연'을 믿고 싶다. 자신이 뽑은 반과 '인연'이 있다는 것을 믿는 정도만이 가능할 뿐이었다.

나는 반을 바꿀 때, 2학년 담임 선생님들에게 한 가지 바람을 말했다. 그것은 어느 반을 맡더라도 '2학년 C반'은 내가 맡고 싶다는 희망이었다. 원래 '1학년 B반'의 담임이었기 때문에 그대로 'B반'을 맞는 것이 당연했지만, 나는 'C반'의 담임이 되고 싶었다.

내가 학생 시절에 몸담았고, 형제 같은 친구들과 만났으며, 아다치 선생님과도 만났던 바로 그 반이었다. 내게는 정말 특별한 반이었다.

"제가, 훨씬 더 노력할 테니, 부탁합니다."

2학년 담임들은 포용력이 있었다. 어린아이 같은 내 부탁을 흔쾌히 들어 주었다.

정말 고맙고, 감사했다.

'운명의 제비뽑기' 끝에, 졸업식이란 약속의 장소까지 더불어 서야 할 C반의 새로운 멤버들이 결정되었다. 우리들은 웃고 말았다. 제비뽑기 때에 나를 포함한 담임들이 가장 경계했던 '문제아 군단'을 내가 맡게 된 것이다. 그 담임에 그 학생이었다. 운명의 여신은 나와 가장 비슷한 반을 배정해 주었다.

2학년 C반을 맡고 처음 반에 들어가 보니, 처음부터 시끄러운 반이었다. 그러나 그런 속에서도 자신을 잃지 않으려는 의지를 가진 학생들도 있었다.

"약속한 곳을 목표로 해서, 열심히 즐거운 나날을 보내라!"

이런 말과 함께 반은 움직이기 시작했다. 내가 반 아이들에게 요구한 것은, 열심히 노력하는 동료들을 바보로 만드는 행위는 용서할 수 없다는 정도였다. 그것만은 절대로 허용할 수 없음을 분명히 했다.

명랑한 녀석들이 많은 반이었다. 수업 시간은 언제나 문제가 생겨 교과 담당 선생님들에게 항상 주의를 받았다. 그 때마다 교실을 뛰어다니며 화를 내기도 했다. 언제부턴가 내 빈 시간은 아이들과 함께 보내는 시간으로 채워졌다.

성질이 급한 녀석들이 많은 반이었다. 금방 자신을 잃고 거칠어지는 녀석들도 많았다. 그럴 경우는 몸으로 막기도 했고, 힘이 센 녀석들에게 밀린 경우도 있었다. 수업 중에 나가는 경우도 다반사였다. 그 때마다 차로 요이치 마을을 찾아다니기도 했으며, 발견했을 때 담배를 피우고 있어서 정학시킨 경우도 있었다. 찾아다니는 길에, 콧노래를 부르며 파친코에서 나오는 녀석을 본 적도 있었다.

어떤 반은 유약한 녀석들이 많아 하숙집에 찾아가 대화를 나누거나 휴일에 같이 놀러 다니기도 했다. 또 어떤 반은 친절한 녀석들이 많아 곤란한 상황에 처한 친구들에게 항상 도움을 주는 경우도 있었다. 이런저런 다른 반의 상황을 보면서, 나는 2학년 C반을 맡게 되어서 잘됐다고 생각했다.

2학년 C반은 그래도 다른 반에 비해 사이가 좋은 반이었다. 행사가 있을 때마다 크게 들떠서 학년 전체의 분위기를 띄우곤 했다. 그럼에도 때로는 지나치게 들떠서 나를 포함해 모두를 당혹스럽게 만들기도 했다.

늘 우당탕거려도 훈훈한 일상이 이어질 것이라고 믿었다. 가을을 맞을 때까지는…….

교육은 죽지 않았다

2001년 9월, 그 곳에서 생활했던 사람들은 그 때를 잊지 못할 것이다. 미국에서 동시다발 테러가 일어났고, 세계의 움직임에 대해 염려하고 있던 바로 그 때, 호쿠세이 고등학교에 '대마초' 사건이 일어났다. 관련된 학생만도 79명에 달했다.

사건의 발단은 9월 초순, "우리 학교에 대마초를 피는 학생들이 있는 것 같다."는 한 학생의 제보로부터 시작됐다.

사안의 중대성 때문에 교사들은 물밑에서 정보를 수집했다. 나도 그 중 한 사람이었다. 소문이 도는 것을 감지할 수 있었지만 그런 만큼 불확실했다. 교사들은 전력을 다해 신뢰할 만한 학생들로부터 정보를 수집했다.

정보를 수집하는 동안에 의심은 확신으로 바뀌었다. 사건을 구체적으로 말하기는 어려웠어도, 학생들에게 수집한 정보는 꽤나 확실한 느낌을 주었다. 정보를 수렴해 긴급히 교직원 회의를 소집했다. 당시 3학년생을 중심으로 몇 명의 구체적인 이름이 거론됐다. 그러나 빙산의 일각이었다. 교사들은 대마초와 관련된 학생들이 그 외에 더 있는 것 같다는 인식을 공유했다.

이 문제에 대해서는 어떻게 대처해야 좋을지 모두들 혼란스러워 했다. 이름이 거론된 몇 명을 처분하는 것은 간단했다. 그러나 그런 식으로는 사건의 본질이 흐려진 상태로 끝나 버릴 가능성도 있었다.

침묵의 시간만이 흐르고 있었다.

그 때, 당시 3학년 학생주임이었던 야스 카나이 선생이 눈물을 흘리면서 말했다.

"내일 학생들과 담임 선생들에게 시간을 좀 주세요. 유야무야한 상태로 졸업식을 할 수는 없고, 진정한 신뢰 관계 속에서 교육을 계속해야 하지 않을까요. 내일 아침, 학년 모임 시간에 대마초와 관련된 학생은, 스스로 이야기하라고 호소하겠어요. 만약 누구도 말하지 않는다면, 그 학년이 지금까지 받은 교육은 무의미한 것이 되겠죠. 그렇다면 우리들 담임들은 교사직을 그만두겠어요."

이것이 무슨 각오이며, 결의란 말인가. 나는 떨었다.

호쿠세이 고등학교는 진학하는 학생들 대부분이 지정 학교 추천으로 시험을 친다. 학력 면에서 불리한 학생들이 대부분이었기 때문이다. 그리고 그 시점은 정확히 추천 원서의 접수가 시작되던 시기로, 만약 대마초와 관련되었다면 추천은 물거품이 될 것이 뻔했다. 한때의 실수로 손에 댔던 대마초로 인해 졸업생의 진로가 백지 상태로 바뀌는 것이었다.

난항을 충분히 예상할 수 있었다. 그러나 담임들은 스스로의 교사 생명을 걸고, 그럼에도 학생들을 믿고 싶다고 주장했다.

밤까지 이어진 교직원 회의는 '3학년 담임들'의 판단에 맡기는 걸로 끝났다. 그리고 그런 결정을 우리 2학년, 1학년도 받아들이기로 했다.

9월 13일, 교직원실에는 아침부터 무거운 공기가 흘렀다. 조금 있다가 호쿠세이 고등학교의 존속과 직접적으로 관련된 시도가 있을 예정이었다. 만약 이 학교에서 '마음의 연결'이란 불이 꺼진다면, 그것은 소멸을 의미했다.

교사들은 기도했다. 우리들이 뿌린 씨가 확실하게 학생들의 마음에서 싹트고 있기를…….

3학년 학생 집회가 시작됐다. 정보는 순식간에 교내에 퍼졌고, 2학년, 1학년에게도 이미 결정된 사실로 확산되었다. 학교 전체가 의심이란 구렁텅이에 빠졌다.

"그렇다면 저 녀석도?"

"어쩌면 그 놈도?"

친구들 사이에서 서로를 의심하게 되었다.

"너 정말 하지 않은 거냐?"

"절대로 안 했어요. 믿어 주세요."

이런 말 뒤에 곧바로 "확실히 했어요."라거나 "누구도 믿지 않는다."는 말이 튀어나오는, 그런 상황이었다. 그리고 학생들은 그런 와중에도 최대한의 정보를 수집했다. 자신들의 세계를 지키기 위해서……. 자신들의 장소를 지키기 위해서…….

3학년 담임들은 자신들의 교사 생명을 걸고 호소했다. 체육관의 이쪽저쪽에서 흐느끼는 소리도 들려왔다. 담임들도 울고 있었다. 소곤소곤 이야기하는 것도 들렸다. 휴대전화의 문자 메시지로 정보를 보내는 녀석도 있었다. 반응은 각양각색이었다.

3학년 담임 선생들의 호소가 끝나고 제각기 반으로 돌아가 담임과 진실하게 마주했다. 학생들에게 진실을 밝히라고 요구하는 것은 간단한 일은 아니었다. 틀림없이 인생을 걸고 신뢰에 응하는 그런 시도였다.

호쿠세이에 오기 전부터 대마초와 관련된 학생도 있었고, 방학 때 혼슈의 고향으로 돌아가 흡입한 학생도 있었다. 대마초는 아니어도 시너를 마셨다고 이름이 거론된 학생도 있었다.

학생들의 마음에 뿌려진 싹은 확실히 움트고 있었다.

다음 날, 2학년에서도 학년 집회가 열렸고, "스스로 자기 이름을 밝히고 나오면 좋겠다."고 호소했다. 3학년에서 들어온 정보에 의해서, 이름이 거명된 학생들을 불러 조사한 것은 아니었다. '신뢰'를 기반으로 스스로 말하기를 원했던 것이다.

3학년과 비슷하게 2학년들도 한 사람, 한 사람 차례로 자기 이름을 밝히고 나왔다. 그 안에는 어제까지만 해도 "절대 하지 않았다."고 말했던 아이도 있었다.

이런 움직임은 1학년까지 이어져서, 학내 대마초 사건의 전모가 드러났다. 우리 반에서는 5명이 대마초를 피웠다고 스스로 밝혔다. 학생들의 대마초 문제는 우리들이 상상한 이상으로 심각하게 퍼져 있었다. 학생들이 대마초를 구한 경로는 다양했지만, 마음만 먹으면 손쉽게 구할 수 있는 상황이었다.

대마초 흡입은 고도 성장기 이후 청년 문화의 일부분으로 깊게 뿌리를 내리고 있었다. 예를 들면, 1970년대 비틀즈로 대표되는 히피 붐 시대에는 대마초 흡입이 만연했고, 인기 록 뮤지션이 대마초 흡입을 공언하기도 했다. 젊은이들은 죄책감에 휩싸이면서도 기성 사회와 체제에 대한 반항으로 대마초 흡입을 옳다고 생각했던 흐름이 있었던 것도 사실이었다.

내가 학교 다니던 시절만 해도 시너는 나쁘지만, 대마초는 멋있다고 흔히들 얘기했다. 그렇다고 해도 대마초는 언더그라운드의 일부의 사람들에게 해당하는 것이었다. 대마초가 급속하게 젊은이들에게 침투한 것은 1990년대에 들어서부터였다.

그렇게 된 중요한 원인은 폭력단신법 시행 후 폭력 조직이 자금 모집을 위해, 그 당시까지만 해도 음성적으로 일부만을 대상으로 했던 그 시장을 디스코 클럽 붐에 편승해서 유행에 민감한 젊은층에게 확산시켰기 때문이다.

손쉽게 대마초를 구할 수 있게 되자 젊은이들은 휴대전화의 보급률 증가와 맞물려 하나의 시장을 구축했다. 또한 급속히 증가한 외국인 노동자들이 폭력 조직으로부터 돈을 받고 거리에서 대마초를 판 것도 대마초가 만연하게 된 또 하나의 원인이었다. 이런 일을 하는 외국인들의 대부분은 불법 체류자들이었다. 경찰한테 잡히면 강제송환될 처지였는데, 물론 그들도 이런 상황에 대해서는 조직적으로 충분히 주의를 기울이고 있었다. 그러나 거리에는 사복 경찰도 많았다.

대마초를 팔 때, 사려는 사람이 확실하게 사복 경찰이 아니란 것을 알 수 있는 것은 바로, 머리를 염색하고, 피어싱을 하고, 유행하는 옷을 입은 젊은이들이었다.

값싸게 손에 넣을 수 있고 담배보다도 중독성이 없다는 말을 듣고 젊은이들은 대마초에 쉽게 빠져들었다.

그리고 현재 젊은이들이 보는 패션 잡지에 대마초 특집을 다룬 내용이 실려 있기도 하다. 큰 서점에 가면 '대마초 재배법' 같은 책도 서점에 당당하게 진열되어 있는 상황이다. 모르는 것은 어른들뿐이다.

대마초는 유행처럼 퍼졌고, 이미 젊은이들에게 하나의 문화처럼 완전히 기정사실화되었다. 그리고 이런 대마초의 만연은 유행 말고는 자신의 표현, 자기 확인이 불가능한 그런 시대가 돼 버렸음을 반증하는 것이기도 하다.

대마초 관련법은 매우 엄한 벌칙을 적용한다. 그러나 미성년자에게는 예외를 적용해서 모든 벌칙은 '소년법'이란 필터를 통해서 적용하고 있으며, 초범의 경우 소년원에 가는 경우는 거의 없었다.

대도시에서 대마초를 취급하는 청소년들은 이익을 목적으로 하는 어른들로부터 문제가 발생했을 때 대처하는 방법과 법제상의 이점 등에 대해 조직적으로 교육을 받은 뒤에 행동하는 확신범들이었다. 그러나 그런 대도시에서 벗어나 있는 호쿠세이의 학생들은 그런 문제에 대한 인식이 희박했다. 단지 전해진 정보에 흥미를 갖거나, 유행 정도로 생각했다. 이런 녀석들은 대마초에 대해서 '다들 피는데'

하는 집단 심리와 스스로의 무지 속에서 죄책감이 희박했으며 별 생각 없이 손을 대는 경우가 많았다. 종종 아이들은 어른 사회의 거울이란 말을 하곤 한다. 그 당시의 대마초 사건은 지금까지도 명확하지 않은 부분이 있긴 하지만, 실제 존재하는 어른 사회의 상업적인 부분을 포함해서 '그늘진 부분'이 학생들의 약한 마음에 투영된 사례라고 할 수 있을 것이다.

그렇다면 학생들은 도대체 언제부터 이와 같이 '다들 한다는' 식의 집단 심리에 빠지게 된 것일까? 이를 짚어보는 것은, 이런 생각이 만연한 과정과 학생들 사이의 관련을 고찰하는데 중요한 열쇠가 되었다.

호쿠세이 고등학교와 다른 학교와의 차이점은 학생들의 약 80퍼센트가 기숙사나 하숙집에서 생활을 한다는 것이다. 앞에서도 말했지만 기숙사나 하숙 생활에는 학생들이 만든 치졸한 집단 영역이 존재하고 있었다.

그리고 학교에 모인 많은 학생들이 '등교 거부'를 경험한 적이 있었다. 지금까지 '자기'라는 개체에만 매몰돼 있었던 학생들은 마음의 해방 과정 속에서 새로운 정보와 자극에 대해 과도한 흥미에 빠져버린 측면도 있었다.

이런 두 가지 측면을 전제한 후에, 학내의 여러 문제와 이번 문제를 비교해 가며 생각해 보고 싶었다. 누구라도 발견되면 정학을 받게 되는 화장실에서의 흡연에 대해서는 '좋지 않다'는 생각을 하고 있었다.(즉, 잡힐지 모른다는 두려움 속에서 대마초를 피우는 행위에도 '좋지 않다'는 생각이 있었다.)

'좋지 않은' 일을 하는 경우 누구라도 숨기려고 한다. 또한 혼자서는 무섭기 때문에 누군가를 유인해서 같이 하려는 경향이 있다. 처음에는 친구와 화장실 안에서 문을 잠그고 담배를 피운다.(대마초를 피울 때 기숙사나 하숙집 방에서 문을 잠그고 피운다.)

그러다가 그런 행동이 발각될 가능성이 낮으면 쉬는 시간에 모두가 화장실에서 담배를 피우게 되고, 화장실은 담배 연기로 가득 차 버린다.(기숙사나 하숙집에서 대마초 흡연이 만연.)

이런 상태에서도 편안한 상황이 되면 이번에는 화장실 문을 잠그지도 않고, 공공연하게 담배를 피워도 망보는 사람만 있으면 상관없다는 분위기로 바뀐다.(죄책감이 희박해지고 학내에서도 대마초 문제를 '신뢰할 수 있는 친구'에게 이야기하게 되고, 흥미 있는 사람들과 공유하게 된다.)

언제부터인가 '모두 하고 있다'는 식으로 학교 전체에 집단 심리가 형성된다. 아이들 세계에서 공유되는 정보를 어른들이 파악하고 관리하는 것은 불가능하다. 휴대전화 문화를 확립 발전시킨 아이들 사회에서는 엄청난 양의 정보가 교환되고 있다. 그리고 그런 정보를 분류하고 판단하는 능력이 놀랄 정도로 발달돼 있는 것이 현실이다.

그런 의미에서 볼 때 이번 문제는 '대마초'에 한정된 문제가 아니었다. 그것은 학생들과 직결되는 문제이며, 그런 문제에 대한 개선이 없으면 제2, 제3의 가슴 아픈 문제들이 일어날 것이 분명했다.

우리들은 연일, 아침까지 회의에 회의를 거듭했다. "교사들의 신뢰에 부응해 자수한 학생들을 어떻게 처분하는 것이 좋을까?", 게다가 "이렇게 대마초가 만연하게 된 원인을 밝히고, 이후로는 어떻게 학생들의 생활에 다가갈 것인가?" 하는 토론을 계속했던 것이다.

그리고 움직였다. 교사들도 학생들도 만신창이가 되어 필사적으로 앞을 향해 나갔다. 아니, 앞으로 나가는 것 외에 다른 방법은 없었다.

입수된 대마초는 학생들 손으로 처분했다. 우리들은 그런 흔적 정도만 발견할 수 있었다. 대마초와 관련된 79명의 학생들 중 2명은 퇴학당했고, 학교를 신뢰하고 정직하게 인생을 걸고 자수한 77명의 나머지 학생들은 경찰에 보고한 후에 무기정학 처분을 내렸다.

다양한 의견이 있었다. 그러나 그런 결정은 교사 집단 전체가 연일 철야의 논의 끝에 내린 결론이었다. 학교를 신뢰하고 정직하게 모든 것을 말해 준 그들에 대한 교육을 방기할 수는 없었다.

그러나 실제로는 무기정학 처분과 그 때까지의 수업 시간 부족이 겹친데다 부족한 수업 일수 때문에 학교를 떠나야만 하는 경우도 있었다. 그런 고통은 우리 모두를 힘들게 했다.

담임들은 정학 당한 학생들에 대한 후속 조치에 여념이 없었다. 연일 전화와 편지 그리고 가정 방문을 거듭했다. 적당히 처리하는 것은 있을 수 없었다. 문제의 본질에 대해 철저하게 파고들었고 담임들 또한 자신들의 마음을 굳게 가다듬었다.

남은 학생들에게 '알고 있으면서도 말하지 않은' 것에 대한 문제 제기가 있었다. '친구'라면 자신들의 힘으로 잘못하는 것을 왜 말리지 못했는가, 하는 문제 제기였고, 학년 합동 위원회 등에서 논의를 거듭했다.

이와 병행해서 학부모에 대한 설명과 대응, 그리고 실망한 학생들에 대한 다독거림 등, 잠잘 틈도 없이 움직여야 했다.

그리고 전교생에게 형식으로서가 아니라 '진정한 인간 관계 만들기'를 강조했다. 교사들 스스로도 자신들의 일상 속에서 학생들과 그런 관계를 만들려고 노력했다. 그리고 그런 문제 의식에서 전 학교 차원의 '생활 개선 운동'이 일어났다.

알고 있지만 주의를 기울이지 않는다든지, 수업이 중요한데도 무신경해서 수업 일수가 모자라 학교를 떠나야 할 상황에 닥친다든지, 화장실의 원래 기능을 무시하고 담배를 버린다든지 하는 그런 일들을 개선하자는 것이었다. 진정 '친구'라면, 진정으로 '중요하게' 생각한다면 서로 주의를 주고, 옳지 않은 것을 못하게 해서 모두가 졸업식이란 '약속의 장소'에 함께 서자는 운동으로 발전시켰다.

화장실에서 담배가 사라졌다. 지각도 삼분의 일로 줄었고, 정학 당하는 학생들이 완전히 사라졌다.

교사들은 좀더 많은 시간을 공유했고 좀더 많은 대화를 나누었다. 더 많은 학생들이 자신들의 약점을 직시하고 극복을 위해 노력했다.

우리들은 수렁에 빠진 상태에서도 조금씩 앞으로 나아갔다.

대마초 사건을 통해서 가장 슬펐던 일은 '신뢰하고 있었다고 생각한 동료들에 대해, 실제로는 놀랄 정도로 이해하지 못했다'는 현실과 '친구들끼리 서로 의심하고, 그 누구도 믿을 수 없게 돼 버린' 것이었다.

사이가 좋은 2학년 C반은 그 때, 서로 의심했던 상처로 인해 모두들 괴로워했고, 두 번 다시 그런 비극이 일어나지 않도록 다시 한 번 처음부터 관계를 만들기 위해 모두가 애쓰기 시작했다.

대마초 문제가 전교에 확산되고 문제의 전모에 대해 해명하기 바빴던 때, 반의 어떤 학생이 나를 찾아와서 이렇게 말했다.

"이렇게 많은 학생들이 자수해서 큰 문제가 되면, 모두 퇴학당하는 건가요? 그러면 학교는 없어지나요? 나에게 이 곳밖에 없는데, 그래서 모두들…… 학교를 사라지지 않도록……."이라고.

교육은 죽지 않는다. '죽여서는 안 되는 것'이다.
길이 보이지 않더라도 최선을 다해 앞을 향해 나아가는 아이들이 있는 한.

8 남겨진 시간

잊지 않기 위해

　많은 친구들에게 마음의 고통을 주었던 대마초 사건으로 인해 모두가 절망했다. 무기력했고 나약했다. 그리고 그 무엇보다 마음이 무거웠다.
　우리가 짊어진 그 무거운 짐은 시간이 흘러도 결코 없어지지 않았다. 솔직하게 고백을 하고도 결국 떠나 버린 친구, 서로가 서로를 의심했던 지옥 같은 나날들, 매스컴의 따가운 비판과 의지의 나약함. 그러나 시간은 흘러간다. 언제까지고 멈춰 서 있을 수는 없다. 짐을 짊어진 채 앞으로 나갈 수 있는 유일한 방법은, 그 짐을 확실히 짊어질 수 있도록 각자가 성장하는 것 외에는 없다. 처음에는 더딘 발걸음이었다. 그러나 우리는 확실히 성장해 가면서 한 걸음 한 걸음 앞으로 나아갔다.

어느 새 아이들은 최고 학년이 되었다. 학생들에게 있어 시간은 성인에 비해 놀라울 정도로 빠르다. 아무리 깊은 상처도 자칫하면 마음 깊은 곳으로 밀려가 버린다. 빠른 성장과 함께 그 고통은 점차 무뎌져 간다.

"결코 잊어서는 안 된다. 아무리 시간이 흐른다 해도 우리는 그 상처를, 서로가 서로를 의심했던 그 상처를, 떠나가 버린 친구들을 보내며 흘렸던 그 눈물을, 잊어서는 안 된다."

몇몇 의식 있는 학생들은 대마초 사건이 일단락되고 아무 일도 없었다는 듯이 잊혀지는 것에 불안해 했다. 신입생들이 들어오고, 전학생과 편입생도 들어왔다. 그들은 그 고통을 알지 못한다. 전하지 않으면 안 된다. 그것이 그 상처를 알고 있는 이들의 책임이다.

그렇게 생각한 아이들이 행동을 개시했다.

우리 반의 학생회장 요시지가 그 중 한 명이었다.

그는 누구보다도 호쿠세이를 사랑했다. 그 곳에 모든 것을 걸고 있었다. 그는 두 해 전, 즉 34기로 호쿠세이 고등학교에 입학했던 적이 있었다. 그러나 그 때는 반 년 만에 중퇴했다. 자신의 미래조차 보이지 않았던 '현역' 시절의 일이었다.

2년 후, 요시지는 36기생으로서 재입학에 성공했다. 떨어져 있던 2년 동안, 자신에게 무엇이 부족한가, 그리고 무엇을 하지 않으면 안 되는가, 무엇을 완수하지 않으면 안 되는가를 치열하게 생각해 낸 결과로서의 재도전이었다.

1학년 때부터 학년의 중심으로서 '이 곳의 의미'를 친구들에게 설명했다. 정직한 그는 곧 친구들에게 신뢰를 얻었고, 그리고 학생회장이 되었다.

대마초 사건이 일어났을 때, 요시지는 절규했다. 당시 3학년에게, 교사들에게, 그리고 자신의 친구들에게 계속해서 울부짖었다. 울면서 소리 질렀다. 가장 먼저는 자기 자신에 대해서 분노했다.

"왜 우리는 이렇게 무력한가!"라고.

누구보다도 상처와 정면으로 맞선 학생이었다. 그리고 최고 학년이 되어, 평상시와 같은 일상으로 되돌아온 듯이 보이는 교사들과 친구들에게 불만과 분노를 느꼈다.

"요시이에 선생님, 나는 용서할 수 없어요. 그렇게 상처를 입었는데 아무 일도 없었다는 듯이 일상을 보내고 있는 선생님과 학생들을 보면……."

나에게 이렇게 자주 얘기하며 불안감을 표현했다. 나 자신도 불안해하고 있었다. 불안해서 참을 수가 없었다. 언제나 중요한 순간에 바보 같은 짓을 해 버렸던 불량의 습성이다.

둘은 '뭔가 해보자!'라고 결의했다. 무엇이라도 하지 않으면 불안으로 인해 망가져 버릴 것 같았던 것이다. 우리가 시작했던 것은 '약물 추방 서명 운동'이었다. 아주 작은 변화라도, 각자의 의식 속에서 하루에 단 한 번이라도 좋으니 그 날의 고통을 생각해 주기를 바랐다. 그것만을 원하며 시작했다. 쉬는 시간, 요시지는 여기저기 학급을 돌며 서명 활동의 의미, 그리고 자신의 생각을 설명했다.

마찬가지로 우리 반의 학년 합동 위원장인 다카시도 불안을 안고 있었다. 학년 합동 위원회이라고 하는 것은, 한 반의 틀을 넘어서 학년 공통의 문제를 토의하기도 하고, 학년 행사를 기획하기도 하는 위원으로, 대마초 사건 때에는 각 학년 학생들의 의견과 의사를 통일시키는 중심적인 역할을 해 내, '생활 개선 운동'의 방향성을 결정했던 위원회이다.

확실히 화장실에서 담배가 없어졌다. 지각도 감소했다. 그러나 우리는 그것에 만족해서 현상유지를 해 나가며 활동을 계속하는 것만으로 되는 걸까, 하는 초조함을 느끼고 있었다.

다카시도 요시지와 마찬가지로 보통의 학생보다 2년 늦게 호쿠세이 고등학교에 입학한 학생이었다. 정말로 머리가 좋고, 통찰력이 탁월한, 뛰어난 감수성을 가진 학생이었다. 그리고 그 통찰력과 뛰어난 감수성은 언제나 그의 일상을 방해해 왔다.

그에게는 보이는 것이다. 어른들의 거짓이, 무책임함이, 겉모습 속에 감춰진 속마음이. 그래서 그는 매사에 어른들과 충돌했다. 두 곳의 학교를 중퇴하고, 호쿠세이 고등학교에 안착한 학생이었다.

그는 자주 내게 말했다. 호쿠세이의 선생님들은 웃을 줄을 안다, 열심이긴 한데 뭔가가 부족하다, 그러나 오히려 거짓이 없어서 좋다고.

꿰뚫어 보는 듯한 그의 발언에 때때로 많은 선생들이 곤란해 했다. 그러나 나는 알고 있었다. 그가 이 호쿠세이라는 곳을, 그리고 여기서 만난 친구들을 얼마나 좋아하는지를. 그런 다카시가 나는 좋았다. 언제나 예전의 내 모습을 떠올리며 성원을 보내고 있었다.

다카시는 몇 번이고 학년 합동 위원회를 소집했다. 그리고 생활 개선 운동의 현 상태와 새로운 과제에 대해 계속해서 제시했다. 그리고 최고 학년이 된 우리가 해야 할 일은, 흥미를 유발하는 것에 쉽게 빠져들고 마는 신입생들에게 약물의 무서움을 주지시키는 것이라고 주장했다. 수업이라고 하면 싫어할지도 모르기 때문에 수업이 아닌, 상급생이 주도하는 세미나를 여는 것이 좋겠다는 의견을 제시했다. 시청각실에서 약물 세미나를 열고 신입생에게 약물의 무서움을 호소했다. 그 때, 다카시가 한 말을 나는 지금도 잊지 않는다.

"개인적으로 말하면, 스스로가 하고 싶어서 약물이나 대마초에 손을 대는 녀석이 있다면, 그것은 자신의 책임이기 때문에 나는 상관하지 않았다. 그렇다면 다른 장소로 가라. 더 이상 친구들이 괴로워하는 것을 보는 게 지긋지긋하기 때문이다."

서툴고 무뚝뚝한 말투였다. 그러나 나는 그 말의 이면에 담긴 다카시의 생각을 누구보다도 잘 알고 있었다. 그 사건 당시, 다카시만큼 친구를 구하려고 행동했던 학생은 없었다. 그는 이 학교와 친구들을 누구보다도 지키고 싶다고 생각하고 있었다.

의식 있는 학생들의 작은 운동, 그 운동을 지탱한 것은 결코 잊을 수 없는 슬픔이었다. 그들은 확실히 상처 위에서 살고 있었다. 그런 그들을 나는 몸으로 막아서라도 지키고 싶었고, 같이 활동했다.

두 번 다시 그런 생각을 하지 않도록. 다시는 친구들이 서로를 의심하는 일이 없도록.

게이코의 도전

호쿠세이 고등학교에는 매년 6월, 웅변 대회가 있다. 자유 부문과 과제 부문으로 나누어, 자신의 생각을 체육관에서 전교생에게 발표하는 호쿠세이 고등학교의 전통 행사다.

각 교실에서 웅변 대회에 나갈 학생 두 명이 선발되고, 그들은 연단에 서서 전교생을 향해 '자신'을 표현한다.

나는 언제나 처절하고 무거운 경험을 얘기하는 학생의 모습과 번뜻거리는 감성의 빛에서 가슴 저미는 아픔을 느낀다. 3학년 C반에서도 2명의 학생이 지원하여 발표 원고 쓰기에 들어갔다. 학급 대표로 나가는 그들에게 모두 응원의 목소리를 높였다.

웅변 대회가 가까워지고 있던 어느 날, 방과 후에 오타루에 쇼핑 갈 일이 있어서 삿포로에서 통학하고 있는 게이코를 오타루 역까지 태워 줄 기회가 있었다.

게이코는 1학년 때부터 내 반에 있던 학생이었다. 처음 교실에서 얼굴을 마주쳤을 때, 게이코는 자신 없는 듯한 태도로 등을 굽히고, 안경 너머의 눈동자는 항상 아래를 향하고 있는, 자신이라는 존재에 대해 전혀 자신감을 갖지 못한 학생이었다.

그러나 게이코는 언제나 한결같았다. 삿포로에서 요이치에 있는 학교까지 매일 통학하는 것은 쉬운 일이 아니다. 그녀는 매일 새벽 5시 정도에 눈을 떠, 지하철로 삿포로 역까지 와서는 삿포로 역에서 오타루로 향하는 열차로 갈아타고 다시 오타로 역에서 버스로 학교까지 전부 세 번의 교통 수단을 갈아타면서 2시간 이상 걸려 학교에 통학했다.

그녀의 부모도, 딸을 위해 바쁜 일이 있음에도 그녀보다 훨씬 일찍 일어나서 도시락을 싸서 학교에 보냈다. 그런 힘든 통학이었음에도 게이코는 결석이나 지각도 하지 않은 학생이었다.

불안하고 연약해 보였던 1학년이 지나 2학년이 되었고, 3학년이 된 게이코는 아직까지 마음속에 나약함이 남아 있기는 했지만 분명히 성장하고 있었다. 세뱃돈으로 스노보드를 사서 나와 함께 스키장에 가기도 하고 특기인 스키로 대회에 출전하기도 했으며, 사학 기금의 서명 운동에서는 위원의 중심이 되어 활약하는 등, 그 힘을 외부로 발산하기 시작했다.

그러나 그럼에도 학급 안에서 게이코는 얌전한 학생이었다. 그러한 게이코가 오타루 역으로 향하던 차 안에서 내게 말했다.

"이미 출전자가 결정되었지만, 사실은 저도 웅변 대회에 나가고 싶었어요."

그 얘기를 듣고, 솔직히 처음에는 귀를 의심했다.

"뭐! 그거 진심으로 하는 말이니?"

"네. 자진해서 입후보하려고 생각했지만……, 아무래도 할 수가 없었어요."

게이코는 계속해서 얘기했다.

"나는 초등학교 때부터 계속해서 이지메를 당해 왔어요. 그래서 언제나 자신감 없이 여기까지 왔어요. 그렇지만 이 상태로는 안 된다고 늘 생각하고 있어요. 웅변 대회에 나가서 과거의 자신과 완전히 결별하고, 자신감을 가질 수 있었으면 좋겠어요."

나는 조금 큰 목소리를 냈다.

"최고야! 게이코! 한 반에 2명으로 정해져 있긴 하지만 월요일 교직원 회의에서 얘기해 볼께. 그렇지만 나갈 수 있게 된 후에는, 더 이상 도망갈 수 없어. 정말 괜찮겠어?"

"네, 정말 할 수 있어요."

게이코는 자신을 갖고 대답했다.

나는 내 자신의 일처럼 기뻐했다. 돌아오는 차 안에서 나는 몇 번이고 중얼거렸다.

"그 게이코가……. 그 게이코가…….".라고.

'차 안'이란 공간은, 때때로 예상치 못했던 말들을 학생들로부터 들을 수 있는 장소였다. 교실에서, 교직원실에서, 그리고 기숙사나 하숙집에서 얼굴을 마주하며 이야기할 때, 학생들은 무의식적으로 긴장한다. 앞에 있는 어른들은 무엇을 기대하는 것일까? 자신은 무엇을 해야 하는 것일까? 라고.

그러나 차 안은 그런 긴장을 의외로 쉽게 풀어 버린다. 차 안에서는 계속해서 눈을 마주치며 이야기할 필요가 없다. 운전자가 그렇게 했다가는 사고를 일으키고 말 테니까. 무리해서 대화를 계속할 필요도 없다.

상담실 같은 데서 마주 앉아 있다면 침묵은 괴롭다. 그러나 차 안에서는 다르다. 무리해서 대화를 이어갈 필요도 없고, 음악과 창문으로 보이는 풍경도 있다. 자신이 얘기한 것을 어디선가, 누군가가 듣고 있을 것이라는 염려도 할 필요가 없다.

긴장을 푼 상태에서 학생들과 대화할 최적의 공간인 것이다. 나는 기운이 없어 보이는 학생들을 일부러 드라이브에 초청했다. '드라이브 데이트'라고 명명한, 무심코 실행한 상호 교류는 학생들의 거리낌 없는 속내를 들을 수 있는 절호의 기회인 셈이었다.

여하튼 게이코의 결심, 그리고 도전하려는 모습은 무엇보다도 나를 기쁘게 했다.

주말이 지나고 월요일 아침 회의에서, 나는 게이코를 웅변 대회의 자유 부문에 출전시키고 싶다고 제안, 아니 제안이라기보다는 간청을 했다.

웅변 대회는 어느덧 과제 부문이 이틀, 자유 부문이 사흘 뒤로 다가와 있었다. 참가자들의 이름과 제목이 적힌 대형 현수막은 이미 무대에 걸려 있었다. 그리고 현수막의 내용을 작성한 서예 담당 선생은 다음 날이나 올 수 있는 상황이었다. 가령 부탁할 수 있다고 해도, 원고 작성과 연습을 감안하면, 매우 촉박한 일정이었다.

하지만 난 교사들을 신뢰하고 있었다. 선생들은 '와~' 하는 함성을 지르며 게이코의 도전을 쾌히 승낙해 주었다. 그 결정을 들은 게이코는 환호성을 지르며 기뻐했다. 진심으로 기뻐하는 것 같았다.

그러고 나서 조례 시간에 게이코의 도전을 반 아이들 모두에게 이야기하자, 여기저기서 '탄성'이 쏟아져 나왔다.

"게이코, 열심히 해!"

"어렵겠지만 힘내!"

"게이코라면 해낼 수 있어!"

수많은 격려의 목소리에 게이코는 짐짓 놀라는 듯하더니 수줍어했다. 모두들 게이코의 결정을 받아들였다. 어떤 상황에서도 물러서지 않고 끝까지 노력하는 게이코를, 결석 한 번 하지 않고 등교하는 게이코를 반 구성원 모두가 인정하고 있었다.

게이코의 도전이 시작되었다.

그 날부터 게이코는 원고 작성에 매달렸다. 과거의 고통스러운 기억을 끄집어내는 작업은 게이코의 입장에서는 분명 괴로운 일이었을 것이다. 하지만 게이코는 포기하지 않았다. 새로운 용기를 얻기 위해서. 게이코는 집에 가는 막차 시간에 쫓기며 학교에 남아 원고를 썼다. 나는 그런 게이코의 모습을 늦게까지 지켜봤다. 그리고 화요일 밤, 드디어 원고가 완성되었다.

원고의 제목은 '다시 태어난 나'였다.

지난 기억의 아픈 이야기들이 담겨 있었다. 끔찍했던 이지메의 기억과 게이코의 갈등이 담긴 원고를 훑어보던 나는 울고 말았다. 그 당시 조그만 소녀였던 무렵, 이지메의 두려움에 떨고 있는 게이코의 모습을 떠올리자 저절로 눈물이 흘렀다. 누구에게도 말할 수 없었던 과거를 고백하는 것으로 새롭게 거듭나고자 하는 그녀를 진심으로 존경했다.

발표 전날은 우리 집에 묵으며 밤늦도록 낭독 연습을 했다. 게이코는 불안을 떨쳐 버리기 위해서인지 몇 번이고 되풀이해 읽었다.

마침내 웅변 대회 날의 아침이 밝았다.

게이코의 순서는 마지막이었다. 뒤늦게 참가 신청을 한 덕택이었다. 게이코는 차분한 모습으로 참가자 대기석에서 자신의 순서가 오기를 기다렸다. 그 동안 나는 줄곧 그녀의 곁을 지켰다. 게이코의 손이 가늘게 떨렸다.

드디어 게이코의 순서가 되었다.

"최선을 다해!"

내 격려의 말에 게이코는 아무 말 없이 고개를 끄덕였다. 나는 무대 바로 아래, 바닥에 앉았다. 정면에서 게이코의 도전을 똑똑히 지켜보고 싶었기 때문이다. 게이코가 무대 위로 올라가는 것을 숨죽이며 기다렸다.

그 무렵, 내 주변에는 3학년 C반 아이들이 일제히 모여들기 시작했다. 웅변 대회 중에는 집중해서 대회 참가자의 이야기에 귀를 기울이도록 학생들을 지도한다. 이는 담임으로서 중요한 임무였다. 모든 학생들은 자신이 속한 반에 배정된 의자에 앉게 되어 있었다. 그렇게 하는 것이 예의를 지키는 일이며 또한 규칙이기도 했다.

그러나 우리 반 학생들은 담임의 무책임한 행동을 그대로 본 받아

너나 할 것 없이 자신의 지정 좌석을 이탈해서 무대 정면의 바닥에 집결했다.

"나중에 사과하기로 하고……."

나직이 중얼거리고는 학생들과 함께 게이코의 웅변을 기다렸다. 게이코의 순서를 알리는 장내 방송이 끝나자마자, 게이코는 무대 위로 올라섰다. 원고를 들고 있는 게이코의 손이 가늘게 떨리고 있었다. 무대 위에 올라선 게이코가 정면을 응시했고, 그 곳에는 우리들이 앉아 있었다. 인상과 품행은 거칠었지만, 누구보다도 고운 마음씨를 지닌 유쾌한 친구들이 있었다.

"게이코, 파이팅!"

요시지가 큰 소리로 응원했다. 우리들의 모습을 본 게이코는 슬쩍 눈웃음을 지었다. 그리고는 이야기를 시작했다.

고통스러웠던 과거를, 괴로웠던 순간들을. 그리고 호쿠세이에 입학한 이후 자신의 노력을, 그리고 장래의 희망을.

"저는 다시 한 번 강해진 거예요."

이 말을 끝으로 게이코의 도전은 막을 내렸다. 체육관이 박수갈채로 뒤덮였고, 3학년 C반 친구들의 크나큰 환호성이 울려 퍼졌다. 무대에서 내려온 게이코는 일순 긴장이 풀린 탓인지 잠시 머뭇거리더니 이내 울음을 터트렸다.

게이코의 웅변은 '가작'에 당선되었다. 하지만 우리들에게 결과는 별 의미가 없었다. 새롭게 내디딘 첫걸음의 의미만을 되새겼다.

게이코는 그 후 자신이 목표로 했던 삿포로의 간호 전문 학교에 합격했다. 게이코의 새로운 도전이 시작된 것이다.

츠루의 순정

2학년 때 편입생으로 호쿠세이 고등학교에 들어와 C반 구성원이 된 츠루는 당시까지만 해도 폭주족의 우두머리였다. 그런 생활을 정리하기 위해 호쿠세이에 오게 된 학생이었다. 그리 간단히 변할 수 없는 게 인간이지만, 여하튼 츠루는 훌륭히 정리했다. 쉽사리 그런 생활을 정리한 듯한 츠루도 처음에는 바로 '시한폭탄 같은 학생'이었다.

그는 여러 기업을 운영하고 있던 집안의 장남으로 태어났다. 어릴 적부터 골프를 시작해서 초등학교 시절에는 주니어 전국 대회에서 상위에 입상할 정도였다고 한다. 그는 주변 사람들로부터 어린애 취급 받는 것을 유난히 싫어했다. 왜냐하면, 어려서부터 아버지의 모습을 보며 성장해 왔기 때문이다. 처음부터 부자였던 것은 아니었다. 어려웠던 시기도 많았다. 외톨이로 지낸 시간도 헤아릴 수 없이 많았다. 그럼에도 아무 것도 모르는 녀석들에게 어린애 취급을 당하는 것을 참을 수 없어 했다. 얼마 지나지 않아 츠루는 내게 이렇게 고백했다.
츠루가 그렇게 엇나가게 된 한 가지 요인은, 그런 주변에 대한 반발심과 너무도 잘난 부모에 대한 나름의 부담이었을 것이다.

츠루가 폭발할 때마다, 나는 늘 온몸으로 그를 막았다. 왜냐하면, 내게는 그의 성난 목소리 뒤에 묻어나는 "있는 그대로, 평범하게 나를 봐!"라는 비통한 절규가 들렸기 때문이다.

풍요로움은 행복의 지표가 아니다. 어린 아이에게 있어서는 특히 그렇다. 그 당시에 츠루가 원했던 것은 많은 용돈이나 자유로운 시간 등이 결코 아니었다. 처음으로 부모의 보호에서 벗어난 곳에서, 자신을 평범하게 대하고 이해해 주는 친구들이야말로 희망이었던 것임에 틀림없다. 그렇기 때문에 나는 츠루의 문제점에 대해서는 있는 그대로 화를 냈고, 츠루의 좋은 점에 대해서는 있는 그대로 칭찬했다.

어떤 학생과의 만남에서도 나는 그랬다. 학생과 만날 때, 나는 만나고 있는 학생만을 생각했다. 부모 따위는 염두에 두지 않았다. 실은 근심 속에서 아이를 호쿠세이에 보낸 부모의 마음을 조금 더 깊게 생각해야만 했다. 심하게 화를 내고는 약간의 시간을 두기 위해 자식을 이 곳에 보냈을 때는 더더욱 그렇다.

"부모님이……."라고 하는 학생에게 나는 "부모님과 과거는 관계 없어! 지금의 너에게 말하고 있는 거야!"라고 화를 내는 경우도 자주 있었다.(지금까지 내가 불안하게 만들고, 불쾌하게 대했던 부모님들에게 지면을 빌어 사과드립니다.)

그러나 그런 나에게 츠루는 말했다.

"선생님은 정말 바보 학생 같아요. 처음으로 있는 그대로의 나를 알아 준 선생님이죠."

정말 그랬을지도 모르겠다. 사실을 말하자면 나는 츠루가 경제적으로 풍족한 집에서 자랐다는 것이나, 어릴 때부터 훌륭한 골프 선수였다던가 하는 그의 배경 등을, 그를 만나고 한참 뒤에 그의 입을 통해 직접 듣기까지는 알지 못했다.

내가 알고 있던 츠루는, 성격이 아주 급하지만 섬세하고 누구보다도 상냥하며 배가 조금 나온 익살스러운 녀석이라는 정도였다. 자료를 보았다면, 신상에 대해 어느 정도는 알 수 있었을 것이다. 그러나 새로운 삶을 목표로 하고 있는 호쿠세이라는 곳에서, 과거 따위는 큰 의미가 없다고 나는 생각했다. 예전의 내가 그랬듯이.

이 곳에서 시작하면 되는 것이다. 있는 그대로, 자신으로부터 시작하면 되는 것이다. '다시 시작하지 않겠는가, 자신의 모습 그대로.'

수많은 실패를 반복하면서, 드디어 츠루는 반 동료들에게, 그리고 학교에 마음을 열었다. 상처를 아는 친구들은, 결코 타인을 사회적인 배경으로 판단하지 않는다. 몇 번이고 '사회적인 배경'이라고 하는 것에 속아 왔기 때문에……. 기업체 사장의 아들이라든가 폭주족이라든가 하는 것은 상관없었다. 중요한 것은 평범한 자신, 있는 그대로의 모습뿐이었다.

실패를 반복해 가면서 성장한, 상냥하고 익살스러운 츠루는 언제부턴가 주위로부터 절대적인 인기를 얻는 존재가 되었다. 어느 새 그의 주변에는 많은 친구들이 있었다. 그리고 그 모습을 나는 흐뭇하게 바라보았다.

3학년 때의 어느 여름밤, 츠루는 아무도 없는 교직원실에 슬며시 고개를 디밀었다.

"요시이에 선생님, 하숙집까지 데려다 줄 생각 없으세요?"

"자전거 갖고 있지? 빨리 돌아가."

나는 차갑게 대답했다. 차로 하숙집까지 데려다 줬으면 하는 학생들의 바람을 하나하나 들어주다 보면, 방과 후는 거의 택시 운전사가 돼 버리고 말 것이다. 그러나 츠루는 하고 싶은 얘기가 있는 듯, 여전히 물고 늘어졌다.

"제발, 부탁해요. 저 귀엽지 않은가요?"

"귀찮은 녀석, 그러면 일 끝날 때까지 1시간만 기다려라. 데려다 줄 테니까."

기다릴 리가 없다고 생각하며 그렇게 말했다.

"네, 기다릴게요."

"……"

뭔가 심각해 보였다. 평상시라면 "이 치사한 아저씨, 됐어!" 하고 밉살스런 말을 내뱉고 가 버릴 텐데, 뭔가 이상했다. 그러고 보니 요즘 한숨을 쉬고 있을 때도 있고, 밤에 잠이 안 온다고 했던 것도 같은데, 정말로 무슨 일이 있지 않을까 하는 생각이 들었다. 나는 결국 평상시와는 다른 츠루가 걱정이 되어 하던 일을 중단하고 바래다주기로 했다.

차 안에서 츠루에게 말을 걸었다.

"너 무슨 일 있었니?"

그 순간, 츠루는 기다리고 있었다는 듯이 말했다.

"듣고 싶어요? 그런데 누구한테도 얘기하지 않을 거죠? 진짜로 약속할 수 있어요? 무지 큰 문제거든요. 그렇지만……, 얘기해도 될까?"

심각한 일인 척하며 츠루는 나의 반응을 엿보고 있었다. 큰 문제라면 듣지 않을 수 없었다. 더구나 최근에 보인 츠루의 모습은 이상했다. 나는 약속했다.

"그렇게까지 말하는데 당연히 궁금하지. 절대로 아무한테도 얘기하지 않을 테니까 말해 봐."

츠루는 한참을 고민한 뒤, 이윽고 얘기를 시작했다.

"사실은, 좋아하는 사람이 생겼어요. 이전에도 여자랑 사귀어 본 적은 있지만, 이런 기분은 정말 처음이에요. 그 애 생각 때문에, 밤에 잠을 잘 수도 없어요."

나는 무슨 일일까 잔뜩 긴장하고 있었던 만큼, 조금 맥이 빠졌다. 설마, 호쿠세이에 들어왔을 때 "선생님, 맘대로 해 봐요?"라고 스탠드에서 외치던 츠루에게서 연애 상담을 듣게 될 줄은 꿈에도 생각 못했다.

"안 믿는 거죠?"

츠루는 그런 나의 맥 빠짐을, 의심하고 있는 것으로 착각했다.

"그, 그렇지 않아. 누구를 좋아하게 된 거지? 같은 반 친구니? 가르쳐 줄 수 있어?"

애처로워 보이는 츠루를 보자 정말로 알고 싶었다.

"정말로 다른 사람에게 말 안 할 거죠? 절대로?"

"시끄러워……! 절대로 말 안 한다고 했잖아!"

몇 번의 다짐 끝에, "저……."라며 츠루는 좋아하게 된 상대의 이름을 말했다.

"카즈에……."

나는 조금 당황했다. 왜냐하면, 카즈에는 남자 친구가 있었기 때문이다.

'고백해 봐.'라고 말할 수 없었다.

"카즈에는 좀 어렵지 않겠어? 남자 친구가 있잖아."

"그건 알고 있어요. 그러니까 이렇게 괴로워하고 있는 거죠. 그 생각을 하면 잠을 잘 수가 없어요. 그렇지만 매일 얼굴을 볼 수 있는 것만으로도 행복하다고 생각해요. 사람을 좋아한다는 것이 이렇게 괴로운 일이라고는 생각하지도 못했어요."

진심 어린 얼굴로 츠루는 한숨을 내쉬었다. 카즈에는 홋카이도의 다른 지방 도시에서 호쿠세이에 온 깔끔하고 상냥한 여자 아이였다. 아니 정확하게 말하면 깔끔하고 상냥한 여자 아이가 된 학생이었다. 2학년으로, 우리 반에 들어온 이후부터 안정된 생활을 해 반의 표본이자 양심이 되었다. 새하얀 피부에 웃는 얼굴이 정말 매력적인 여자 아이였다. 그 웃는 얼굴은 후배들에게 '웃는 표정이 멋있는 사람'으로 뽑힐 정도였다.

츠루가 반한 것도 이해할 수 있었다. 그러나 카즈에는 옆 반에 남자 친구가 있었다. 아무리 츠루가 좋아한다고 하더라도 그것만은 어떻게 할 수가 없었다.

"나는 매력적인 남자도 아니고 배도 나왔고, 기다려도 뒤돌아봐 줄 일조차 없겠죠."

슬픈 듯이 묻는 츠루에게 나는 말했다.

"사람을 좋아하는 것은 나쁜 일이 아니야. 남자 친구가 있다고 해도 잊을 수 없을 정도로 좋아졌다면, 그건 그대로 어쩔 수 없는 게 아닐까? 있는 그대로의 자신을 받아들이는 수밖에 없지. 힘내."

그렇게 말하는 것이 할 수 있는 전부였다.

"계속 좋아한다면 가능성은 있다고 생각해요?"

계속해서 묻는 츠루에게 말했다.

"가능성으로 사람을 좋아하게 되는 것은 아니잖아?"

"그렇죠."

츠루는 인정했다.

"선생님, 절대로 얘기하면 안 돼요!"

"말할 리가 없지, 네 진실한 마음을 우습게 만들지는 않아."

"고마워요. 조금은 가벼워졌다. 선생님도 무슨 일이 있으면 나에게 상담해 주세요. 들어줄 테니까."

이렇게 말하고 츠루는 차에서 내려 씩씩하게 하숙집으로 돌아갔다.

다른 일이라면 몰라도, 연애만은 힘이 되어 줄 수가 없었다. 그렇지만 마음속에서는 뭔가 뿌듯함이 생겼다.

험상궂은 얼굴을 하고 아무도 믿지 않는다는 듯한 태도로 편입해 온, 현역 폭주족이었던 츠루. 그 츠루가 새롭게 삶을 시작한 이 곳에서 사심 없이 사람을 좋아하게 되었고, 나에게 그런 문제에 대해 자문을 구했다는 사실이 굉장히 기뻤다.

자신의 고민을 교사에게 상담하는 것은 당연하다. 그러나 진심 어린 연애 상담 같은 것은 웬만큼 마음을 열지 않고는 쉽지 않을 것이다. 남학생들은 특히 더 그렇다.

긴 투쟁 끝에 녀석과 이런 관계가 되었다는 사실이 내게는 큰 기쁨이었다.

학교 축제가 끝나고 얼마 후, 츠루가 들뜬 목소리로 전화를 걸어왔다.

"우리 사귀기로 했어요. 정말로 소중하게 대해 줄 거예요."

다음 날, 사이좋게 등교하는 그들을 보고 동료들은 곱지 않은 시선을 보냈다. 츠루는 쑥스러워하면서도 행복하게 웃고 있었다. 츠루의 순수한 사랑은 여전히 계속되고 있다.

미야의 낡은 실내화

미야는 3년 동안 계속해서 내가 맡은 반의 학생이었다. 요코하마 출신의 능청스런 눈빛을 가진 장난꾸러기로, 밉살스런 말투로 꼽자면 반에서 1등이다. 오랜 시간을 함께 했던 만큼 나에게 혼난 횟수도 단연 반에서 톱이었다. 1학년 때에는 시험 때마다 정학을 맞았다. 머리는 월등히 뛰어남에도 성적은 하위였다. 침묵을 제일 싫어하고 떠들썩한 축제에 앞장서는, 그런 학생이었다.

잊혀지지도 않는다. 1학년 때, 내가 맡고 있던 현대 사회 수업 시간이었다. 담임이기도 했던 나는, 조례와 종례 시간을 이용해 반에서 일어났던 문제에 대해 학생들에게 호통을 치며, 이후에 어떻게 할 것인지에 대해 진지하게 물었다. 심하게 화를 냈던 나의 태도 때문에, 반 아이들 전체가 얌전하게 귀를 기울이고 스스로를 가다듬었다. 그리고 수업이 시작되었다.

마음의 상처가 아직 남아 있는 1학년 때라 아이들에게 좀더 진지하게 다가서고 있을 때였다. 그래서 수업 시간 또한 그런 분위기로 끌고 가고 있었다. 5분, 10분, 15분……. 조용한 수업이 계속해서 진행되고 있었다.

그 때였다.

"끼륵끼륵!"

새 울음소리 같은 괴상한 소리가 교실 전체에 울려 퍼졌다. 소리의 주인공은 미야였다. 그 순간, 반 전체가 웃음바다에 빠졌고, 나 자신도 예상하지 못했던 괴상한 소리에 폭소를 터뜨리고 말았다.

그렇다. 미야는 야단을 맞은 뒤의 거북스런 침묵을 견딜 수가 없었던 것이다. 나에게 불만을 얘기하고 싶었지만 당사자이기도 했던 그는 무엇을 말해야 할지 난감했던 것이리라. 아마도 머릿속으로는 이런저런 생각을 했을 것이다. 그리고 말로는 표현하기 어려운 여러 가지 생각과, 불편한 침묵을 어떻게든 바꾸고 싶다는 이상한 책임감이 '괴성'으로 표출된 것이다. 지금 생각해도 웃음을 터뜨릴 수밖에 없는 사건이었다.

"너 유치원생이야?"

웃음을 터뜨리면서 주의를 주는 나를 보며 반 아이들은 점점 더 크게 폭소를 터뜨렸고, 미야는 얼굴이 새빨개졌다.

요이치에 있는 한 유치원의 버스는 애니메이션 '이웃집 토토로'에 나오는 '고양이 버스'와 똑같은 디자인으로 만들어져 있다. 매일 아침, 씩씩한 유치원생들이 그 버스를 타고 유치원으로 향하는 모습을 보았다.

미야와 함께 항상 소란을 일으키는 시리아루가 목소리를 높였다.

"맞아. 좀전에 유치원의 고양이 버스를 봤는데 그 안에 미야가 있던 걸."

그 말에 교실은 또 한 번 웃음바다가 되었다. 평상시에는 기운 없이 바닥만 내려다보고 있던 학생들도 배를 잡고 웃고 있었다. 조금 전에 나에게 꾸중을 들었던 일은 완전히 사라지고 말았다. 그리고 수업도 더 이상 진행할 수 없었다. 벨이 울릴 때까지 나를 포함한 반 아이들은 미야의 장난으로 분위기가 들떠 있었다. 미야는 새빨개진 얼굴을 하고서도 굉장히 기쁜 듯이 보였다.

그 날부터 미야의 별명은 '고양이 버스'가 되었다. 누구보다도 침묵을 못 견디고 누구보다도 밝은 아이. 그런 미야에게 나는 언제나 야단을 쳤지만, 마음속으로는 보물이라고 생각하고 있었다.

2학년이 되어서도, 3학년이 되어서도 미야는 역시 '고양이 버스'였다. 밉살스런 말투도 여전했다. 나에게 야단을 맞는 횟수도 결코 줄어들지 않았다. 그러나 한편으로는 누구보다도 나라는 존재를 이해해 주고 있었다. 얼굴을 마주하고서는 절대로 감사의 표현을 하지 않는 밉살스런 아이였지만 내가 곤란한 상황에 직면할 때마다 항상 내 곁에 있었다. 나는 그 아이를 신뢰하고 있었다. 반드시 '졸업식'이라는 약속 장소에 나와 함께 설 것이라고 믿었다.

그 아이의 밝은 성격은 많은 친구들에게 무엇보다도 용기를 주었다. 녀석의 밝은 성격은 단순히 우스꽝스런 장난 같은 것이 결코 아니었고, 많은 슬픔을 체험한 끝에 생겨난, 마음속의 그늘로부터 자신을 지키기 위한 노력의 빛이었다. 즉 권력자의 여유 있는 밝음 같은 것이 아니었다. 진흙투성이 인간의 '그래도 웃지 않으면 견딜 수가 없잖아'라고 말하는 듯한 그런 종류의 밝음이었다. 그래서 상처를 아는, 어둠을 아는 아이들은 자연스럽게 그 밝음에 용기를 얻었다. 그리고 나 자신도, 녀석의 밝은 성격 때문에 용기를 얻게 된 사람이기도 했다.

미야는 언제나 아주 더러운 실내화를 신고 있었다. 실내화를 신고 밖에 나가서 나에게 야단맞은 적이 여러 번이었다. 지금도 냄새가 날 것 같은, 아마도 입학한 후로 한 번도 빨지 않았을 그 실내화는 청결한 미야의 용모와는 확실히 거리가 있던 더러운 실내화였다. 그 실내화의 더러움 하나하나가 그의 올곧은 생각을 말해 주고 있다는 것을 깨닫게 된 것은 한참 뒤의 일이다.

호쿠세이 고등학교에 입학할 당시, 미야는 친척집에 신세를 지고 있었다. 혼슈에서 온 학생들은 대부분 기숙사에 들어가거나 하숙을 한다. 그리고 그 안에서 매일 아침까지 이야기를 나누며 서로 간의 우애를 돈독히 하면서 우정을 키웠다.

다른 아이들과 마찬가지로 요이치에서 생활하고 있지만 친척집에서 통학하는 미야에게는 그런 친구가 없었다. 어떻게 친구를 만들 수 있을까, 하는 문제로 미야는 분명히 답답했을 것이다. 불안하기도 했을 것이다. 아무리 밝고, 강한 녀석이라고 해도 자기 고향에서 멀리 떨어진 낯선 이 곳에서 미야는 분명 그렇게 느꼈을 것이다. 호쿠세이 고등학교의 문을 막 들어섰던 그 때 미야의 가슴속에는 확실히 작은 소외감이 있었다.

그렇기 때문에 녀석은 교실에 있는 동안에는 필요 이상으로 밝게 행동했고, 눈에 띄려고 애썼다. 방과 후의 시간에는 누구보다도 많이 떠들어댔다. 또한 많은 실수로 나에게 야단도 많이 맞았다.

그런 미야에게 친구가 생겼다. 둘 다 집에서 통학하는 아이였다. 기숙사나 하숙집에 속해 있지 않기 때문에 불안감을 갖고 생활하는 처지였다. 어느 사이에 둘은 친한 친구가 되었다. 아침에는 매일 함께 등교했고, 반에서도 언제나 함께 엉뚱한 소동을 일으켰고, 방과 후에도 어두워질 때까지 함께 놀곤 했다. 불안했던 때, 최초로 사귄 친구였다. 미야에게 있어 아무리 친구가 많다 해도 그 친구는 미야에게 특별한 친구였다. 그러나 그와 함께 보낸 시간은 그리 길지 않았다.

여름방학이 끝나고 바로 미야의 친구는……, 사라졌다. 매일 아침 함께 등교하기 위해 미야의 집까지 마중을 나왔던 그 친구는 그 날, 미야를 마중하러 오지 않은 채 커다란 보스턴 가방을 한 개 들고 요이치를 떠났다.

마중을 오지 않았던 적은 없었기 때문에, 미야는 친척집에서 친구를 계속 기다리고 있었다. 집에 전화를 했더니 "벌써 나갔다."고 했다. 뭔가 일이 있어서 먼저 갔을지도 모른다는 생각에 한참을 기다린 후, 미야는 등교 시간이 지나서야 학교에 뛰어왔다. 그러나 교실에도 친구의 모습은 찾을 수 없었다.

"어떻게 된 거지?"

당황한 모습으로 내게 왔다.

"요시이에 선생님, 뭔가 이상한 얘기 한 거 아닌가요?"

"나도 몰라. 집에 연락해 볼게."

나도 영문을 모른 채, 그렇게 대답하는 것이 전부였다.

"그래요……. 뭔가 알게 되면 바로 알려 주세요."

그렇게 말하며 미야는 쓸쓸하게 교실로 돌아갔다.

실종된 그 친구는 '자유'를 열망하고 있었다. 지금까지 자신의 인생에서 경험해 온 '부자유'의 구멍을 메우기라도 하듯……. 미야와 같은 동료들의 따뜻함의 의미를 알지 못하고 그 친구는 떠났다.

나는 여기저기 다니며 미야의 친구를 찾았다. 그 아이의 엄마와 함께 아이가 갈 만한 곳을, 홋카이도의 변두리까지 밤새 찾으러 다녔다. 반 친구들도 매일 그 아이를 생각하며 슬퍼했다. 그렇다. 그는 분명히 이 곳에서 함께 생활한 더없이 소중한 친구였던 것이다. 친구라고 하는 것은 시간이 이어주는 관계가 아니라 함께 한 추억이 연결된 순간에 생겨나는 것이다.

전혀 행방을 알 수 없었다. 어느 새 사라진 지 한 달이 지나가고 있었다. 그러나 미야를 비롯해, 반 친구들 모두가 그 일을 잊지 못했다. '빨리 돌아와.' 모두가 그렇게 빌었다.

학교 축제를 앞둔 9월 말의 어느 날 밤, 실종된 지 한 달이 지나서 그 아이는 감기에 걸린 힘없는 모습으로 우리에게 돌아왔다.

나는 마음속 깊이 안도감이 들었다. 그리고 '이제 안심해.' 하는 생각으로 그 아이의 어깨를 두드리려고 하는 순간, 그 아이는 몸을 획 돌려 나로부터 도망갔다.

도대체 그는 한 달 동안 어떤 생활을 해 온 것일까? 그 순간 나는 아무것도 묻지 않기로 결심했다. 지금은 그냥 쉬게 해 주고 싶었다.

소식을 들은 미야는 나에게 달려 왔다. 웃는 것인지 우는 것인지 알 수 없는 표정으로 나와 친구의 품으로 뛰어들었다. 그리고 말했다.

"그 다음은 요시이에 선생님께 맡기면 돼."

그렇다, 말을 적게 하는 것이 할 수 있는 최선의 방법이었다. 그러나 말로는 표현할 수 없었던 미야의 배려는 그에게 충분히 전해졌다. 친구의 얼굴에서 안도감을 읽을 수 있었다. 미야의 바람도 있고 해서 당분간은 내 집에 기거하도록 했다.

첫날 밤, 나는 한편으로 안심이 됐지만, 아침까지 한숨도 잠을 이룰 수가 없었다. 말로는 표현할 수 없는 불안이 마음에 파문을 일으키고 있었기 때문이다. 날이 밝아 올 때까지 스스로 할 수 있는 한계에 직면했다.

해답이 나올 리도 없었다. 그러나 편안한 얼굴로 코를 골고 있는 그에게 힘이 될 수 있어야 한다. 옳은 것인지 그른 것인지, 전례가 있는 것인지 그렇지 않은 것인지, 하는 일은 문제가 아니었다.

오히려 앞으로 그가 살아갈 방법에 대해 어떻게 조언하면 되는 것인지, 그리고 관련이 있을 듯한 사건의 책임을 어떻게 지게 해야 좋을 것인지에 대해, 잠도 자지 않고 계속해서 생각했다.

다음 날 밤, 그에게 실종 중에 일어났던 모든 일들에 대해 들었다. 예상은 완전히 적중했다. 내 힘으로는 도저히 처리할 수 없는 많은 사건과 관련되어 있었다. 얘기를 들으면서 둘은 울었다. 왜 이런 상황이 되어 버린 것일까, 하고 얼굴을 맞대고 울었다. 마지막으로 '경찰'이라는 단어를 입 밖으로 내었다.

나는 어떻게 해서라도 그를 학교로 되돌아오게 하고 싶었다. 아무리 어려운 일이 있더라도 학교로 되돌아올 수 있도록 해야만 했다.

그래서 매일 내 생각을 반 아이들에게 말했다. 그리고 마침내 그것은 반 전체의 의견이 되었다.

다른 교사들을 이해시킬 자신도 있었다. 아니, 정확히는 내 멋대로 신뢰했다. 그러나 그렇게 하기 위해서는 '경찰'이란 관문을 통과해야만 했다. 왜냐하면 학교는 학생들의 사회화를 위한 교육이 목적이기 때문이다. 피해자의 심정도 생각하지 않고 반성도 없이, 학생의 처지를 생각한다는 미명 아래 문제를 은폐하는 장소는 절대 아니다.

모든 것을 명백하게 하고, 그리고 그 곳에서 다시 시작하도록 해야 했다. 호쿠세이 고등학교는 역사적으로도 이러한 시도를 계속 실천해 온 학교였다.

퇴학으로 처리해 버리면 간단하게 끝날 것이다. 그러나 그것이 문제 해결에 어떤 도움이 될 수 있을까? 인간은 반드시 변화할 수 있다. 내가 그랬던 것처럼, 사람과의 만남 속에서 사람은 변할 수 있다. 감추는 것 없이 모든 것을 밝힌 그를 위해 포기하지 않고 지키겠다고 스스로 다짐했다.

그런 중에 학교는 연중 최대 행사인 학교 축제를 맞았다. 긴장을 늦추지 않도록 아이들에게 질타와 격려를 한 탓에 나는 지칠 대로 지쳤다. 생각해 보니 며칠 동안 제대로 자지 못했다. 그런 내 상황을 알기라도 한 듯, 아이들은 정말로 노력했다. 미야는 나에게 많은 것을 묻지 않았다. 분명 미야도 어느 정도는 상상하고 있었을 것이다. 그 대신 누구보다도 열심히 축제에 참여했다.

축제 두 번째 날, 울면서 '경찰'이라는 말을 꺼냈던 다음 날 한밤중에, 그는 다시 모습을 감췄다. 한 달이 지나고, 두 달이 지나고, 그리고 규정된 수업 시간의 시한이 끝났지만, 그는 나타나지 않았다. 많은 친구들이 기다리고 있던 호쿠세이 고등학교에 다시 모습을 보이지 않았다. 나를 포함해 많은 친구들의 가슴에 커다란 구멍을 뚫어 놓은 채.

일상은 우리를 재촉하듯 흘러갔다. 그리고 그 흐름 속에서 몇 명의 학생들이 이 곳을 떠났다. 규정 수업 시간을 채우지 못해서, 때로는 고향에 대한 그리움 때문에, 그리고 무한의 자유를 위해서. 그야말로 이유는 각양각색이었다. 그리고 그 때마다 남겨진 사람들은 떠나가는 사람들의 뒷모습을 바라보았다.

교사 생활을 하면서 이토록 괴로운 순간은 없었다. 삼 년 동안, 나는 분해서 몇 번이고 눈물을 흘리며 그들을 보냈다. '괴로워지면 돌아와.', 그렇게 마음으로 기도하면서…….

그리고 그런 느낌은 함께 시간을 보냈던 학생들도 마찬가지였다. 이별에 익숙해지는 일은 참을 수 없었다. 소중하게 생각하는 사람과의 이별이라면 더더욱 그랬다.

떠나 버린 사람들의 몫까지 해내고 싶다. 미야는 늘 그런 생각을 했던 학생 중 한 명이었다. 미야는 절친한 친구가 학교를 떠난 뒤에도 변함없이 떠들어댔다. 마치 아무 일도 없었다는 듯이, 변함없는 밝은 모습으로 지냈다. 그리고 더 많은 실수를 반복했다. 시간은 빠르게 흘러갔다.

2학년이 되고, 3학년이 되었다. 미야의 실내화는 더욱 더러워져 있었다. 차마 볼 수 없었던 나는, 어느 날 미야에게 말했다.

"어이, 적당히 좀 해. 그 더러운 실내화 좀 빨면 어때? 아니면 헌 실내화라도 하나 사든지."

"그건 안 돼요. 이 실내화는 내가 호쿠세이에서 최초로 사귄 친구의 실내화에요. 그래서 나는 더러워도 이 실내화를 졸업할 때까지 계속해서 신을 거예요."

녀석은 평소보다 조금 낮은 목소리로, 그러나 진지하게 얘기했다.

그 때 나는 처음으로 미야의 더러워진 실내화의 의미를 알게 되었다. 녀석의 명랑함은 타고난 엉뚱함 따위가 결코 아니었다. 자신의 마음에 있는 슬픔의 어둠을 밝히기 위한, 처절한 빛인 것이다.

그래서 나를 포함한 많은 나약한 인간들은 미야의 그런 밝은 면에서 안도감을 느낀다. '이 녀석도 노력하고 있는 거야.'라며.

친구가 다시 학교를 떠난 후, 겉으로는 아무 일도 없었던 듯이 수다를 떨던 미야. 그리고 그 뒤에서, 친구가 남긴 실내화를 빨지도 않고 너덜너덜해질 때까지 계속해서 신고 다니던 미야. '네 몫까지 노력할게.' 미야의 그런 생각이 지저분한 실내화에 가득 담겨져 있었다.

'아, 미야……. 나는 이 곳에서 너를 만나 정말 다행이다. 3년 간 옆에 있어 주어 정말 고맙다.'

또다시 찾아온 비극

9월, 홋카이도에는 여름의 끝자락을 따라 빠르게 가을이 찾아왔다.

지난해의 대마초 사건 이후 빠르게 1년이라는 세월이 흘러가고 있었다. 1학기부터 시작된 요시지의 약물 추방 서명 운동은 협력자의 도움도 있고 해서 학년 전원의 서명을 받았고, 1학년에 이어서 2학년까지 그 수가 빠르게 증가했다. 의식하던 의식하지 않던, 모두가 작년의 지옥 같은 상황을 기억하고 있었다. 그런 중에 호쿠세이에 다시 대마초의 비극이 습격했다.

그것이 어떻게 발각되었는지를 여기에 정확하게 기록하지 않으면 안 된다.

초여름, 어떤 학생이 아직도 대마초에 관련되어 있다는 소문이 학생들 사이에 돌고 있었다.

"설마?" 모두가 그렇게 생각했다. 그러나 그 소문은 끊이지 않고 계속되었다.

교사가 그런 정보를 얻기 훨씬 전의 이야기였다. 소문의 출처는 알지 못했다. 그러나 일부 학생은 그 소문이 사실이라는 확신을 갖고 있었다.

그리고 여름방학이 끝나고 가을이 찾아왔을 무렵, 전년도의 사건 이후 막 1년이 지나려고 하던 어느 날, 한 학생이 소문의 주인공에게 직접 말을 걸었다.

"우리는 친구야. 정직하게 얘기해 줬으면 해."

사실, 그들은 친한 친구였다. 3년 동안 괴로운 일도 즐거운 일도 함께 나눴던 친구였다. 추궁을 받은 학생은 친구와의 신뢰를 배반할 수 없었다.

"이미 해 버린 일은 되돌릴 수가 없어. 담임에게 가."

속 깊은 그 학생은 대마초에 손을 대고 만 친구에게 많은 말을 하지 않고, 단지 그렇게 요구했다. 전년도 대마초 사건으로부터 1년, 새로운 사건이 발발했다. 설득된 학생은 생각을 거듭한 끝에 한밤중에 담임의 집으로 향했다. 그 당시 그는 자포자기 상태가 되어 학교를 떠나겠다고 마음먹었다. 그렇게 학교 전체를 밑바닥으로 떨어뜨린 대마초 사건. 그 대마초에 다시 자신이 손을 댄 것이다. 그리고 무엇보다도 친구들을 배반하고 말았다. 그러한 자신은 더 이상 아무 말도 할 수 없었고, 이 곳에서 계속 살아갈 수도 없었다. 그는 어리석었다.

'대마초가 있다면 절대 한 명일 리가 없다. 관련된 학생이 더 있을 것이다.' 학생들은 자발적으로 나서서 정보를 모았다. 절대로 작년과 같은 사태가 되지 않도록, '안 되는 건 안 된다.'라고 용기를 갖고 요구하자. 그것이 친구라면 더더욱. 그러한 생각으로 학생들은 정보를 수집하기 시작했다.

선생들은 다시 진흙 속에 빠졌다. 용서를 하고 안 하고의 문제가 아니었다. 어떻든 간에 사건을 샅샅이 밝혀서, 아직 마음속에 나약함을 갖고 있는 아이들의 살아가는 방법에 대해 철저하게 추궁하지 않으면 안 된다. 각 담임들은 필사적으로 움직였다.

불명확한 것들뿐이었지만, 단 한 가지 구체적인 정보가 나타났다. 각 담임들은 조례 시간마다 호소했다. '믿을 수 없어.'라는 생각을 마음 한 편에 두면서도, 현실에서 발생한 문제와 정면으로 마주했다.

3학년 C반에서 이 사실을 얘기했을 때, 4월부터 주도적으로 약물 추방 서명 운동을 추진해 왔던 요시지의 얼굴은 새빨간 도깨비의 형상이 되어 있었다. 그리고 나의 얼굴도 마찬가지였을 것이다.

학생들 대부분이 분노에 떨고 있었다. 때문에 대마초와 관련된 학생이 쉽게 자백할 수 없는 분위기가 되어 버렸다. 그 당시, 대마초와 관련된 학생들은 생각했을 것이다. 이대로 아무 일도 없었던 것처럼 학교를 떠나 버리는 것이 훨씬 편할 것이다, 라고.

그 정도로 2년 연속해서 일어난 대마초 사건은 학생들을 격앙시켰다. 그리고 문제가 터진 이후로부터 1주일 동안 3학년 6명, 2학년 2명이 자신의 죄를 인정했다. 내 반에는 관련된 학생이 없었다. 그래서는 안 되는 줄 알지만, 나는 솔직히 안심했다. 나약한 인간이다. 그러나 안심한 것은 솔직한 마음이었다.

처음의 대마초 사건과 두 번째의 대마초 사건에는 확실한 차이가 있었다. 두 번째 사건에는 모든 것이 학생들의 '절친한 친구라고 해도, 오히려 친구이기 때문에 더욱 안 되는 것은 안 된다.'라는 생각이 일상의 관계 속에서 분명하게 각인되었다는 점이었다. 만약 학생들이 정보를 얻으려고 하지 않았다면, 만약 학생들이 친구이기 때문에 숨기려고 했다면, 만약 학생들이 학교를 신뢰하지 않았다면 모든 것은 어둠 속에 묻혀 버렸을지도 모른다.

학생들이 만들고 있는 작은 사회는 그 정도로 강건했다. 그리고 그 세계는 일반적인 의미의 상식은 통용되지 않는다. 그렇게 하지 않으면 자신들의 장소를 지킬 수 없다, 고 하는 절실함이었다.

상식을 표방한 어른들의 가치관 따위는 이들의 사회 안에서는 무력했다. 만약 그러한 어둠에 빛을 비춰 줄 수 있다면, 그것은 바로 '신뢰'일 것이다. 신뢰라는 것은 하루아침에 만들어지는 것이 아니다. 신뢰는 다양한 상처를 함께 안고, 함께 기뻐하고, 함께 울고, 함께 후회하는 과정을 통해 싹트는 것이다. 부모 자식 간이건, 부부이건 마찬가지일 것이다.

그리고 그러한 관계에 이르기까지 가치관이 다른 사람과 사람을 연결하는 것은 바로 '거짓 없는, 진지한 생각'이다. 너무도 슬픈 사건이었다. 1년 동안 이루어온 것을 무로 만들어 버린 것 같은 사건이었다. 너무도 깊은 그 상처를 '신뢰'라고 하는 것만이 위로해 줬다.

자포자기가 되어 학교를 떠날 결의를 하고 부모나 교사의 설득에 조금도 마음을 열려고 하지 않았던 나약한 학생은, 자신을 생각하고 자신의 집을 찾아오고 자신을 용서한 친구들의 설득으로 다시 졸업식이라고 하는 '약속의 장소'를 목표로 삼을 수 있었다.

비, 비, 바람, 바람
세차게 불어 봐라
그럴 때일수록
우리들은 또 강해져 간다.

우리에게 가능한 것

다시, 가을의 시작과 함께 일어났던 대마초 사건. 3학년에게 남겨진 시간은 너무도 짧다. 2월은 준비 기간으로 되어 있어, 3학년들은 성적 발표와 만찬회, 졸업식의 리허설 외에는 등교할 일이 없다. 겨울 방학도 있다.

대마초 사건으로 무기정학을 받았던 학생들이 돌아오는 것은 10월 중순. 우리에게는 3개월도 채 안 되는 시간밖에 남아 있지 않았다.

그러나 그렇다고 해서 이 대마초 사건을 2년 동안에 걸쳐 경험한 3학년 학생들은 어떤 행동도 하지 않고 학교를 떠날 수는 없었다. 연일, 학년 합동 위원회가 소집되었고, 학생들은 필사적으로 '남은 시간에 3학년 학생들이 할 수 있는 일'에 대해 의논했다. 그리고 골격이 갖추어졌다.

남은 시간에 우리가 할 수 있는 최선의 것, 그것은 슬픔, 고통, 분노를 앞으로 호쿠세이의 문을 두드릴, 마찬가지로 나약한 후배들에게 전하는 것이었다. 그렇게 결론을 냈다.

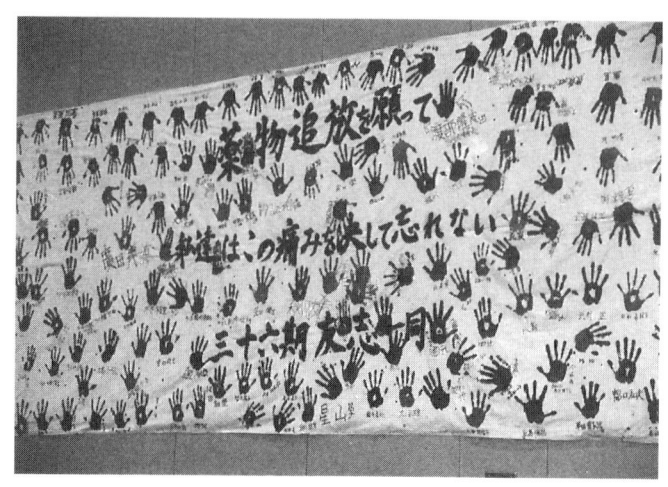

　자기 만족으로 끝나서는 안 된다. 자신들은 3개월 후, 이 곳을 떠나가지만 그 후의 후배들에게 무언가를 남겨 놓지 않으면 안 된다. 그것이 3학년들의 책임이라고 생각했다.
　합동 위원회의 결정을 받아들여 10미터 크기의 현수막을 준비했다.
　그리고 그 현수막에 한 사람 한 사람의 마음을 담아 손자국을 찍고, 그 아래에 각자 서명을 했다.
　현수막의 가운데 이렇게 쓰여 있다.
　"우리는 이 고통을 절대로 잊지 않는다. 36기 일동."
　100개 이상의 손자국과 서명이 찍힌 거대한 현수막은 체육관 벽에 걸렸다. 현수막은 4월에 불안 속에서 호쿠세이 고등학교에 문을 두드릴 '나약한 친구들'을 기다리고 있었다.

떠날 시간

계절은 가을에서 겨울로 바뀌고, 담임을 맡은 후 세 번째의 설경이 홋카이도 요이치를 뒤덮었다. 누구나 조금씩 이별을 예감하고 있었고, 그래서 우리는 엉뚱한 소동을 일으켰다.
지금이 아니면 할 수 없는 일들을 열심히 즐겼다.
아이들은 교실 창문을 통해 밖으로 뛰어나갔고 어린애들처럼 눈싸움을 했다.
이를 본 나는 벌건 얼굴로 호통을 치곤 했다.
아이들은 풀이 죽은 모습으로 눈으로 더러워진 교실에 걸레질을 했다. 여느 날과 다름없는 풍경이었다. 그 때쯤 나는 매일 생각했다. 내가 속했던 아다치 선생님의 반, 3학년 C반과 꼭 닮은 반이 되었구나, 하고.
오로지 엉뚱한 짓만 하는 녀석, 비웃듯이 교실의 아이들을 바라보고 있는 녀석, 참견하기 좋아하는 녀석, 장소를 불문하고 멋대로인 녀석, 아침에는 항상 기분이 안 좋은 녀석, 가끔씩 술 냄새가 나는 녀석, 여자 친구와 딱 들러붙어 있는 녀석, 벨소리와 함께 자동판매기로 달려가는 녀석, 늘 수업 시간에 화장실에 가는 녀석, 남자를 압도하는 여장부, 언제나 자고 있는 녀석.
그들이 보여 주었던 표정 하나 하나가 참을 수 없을 정도로 사랑스러웠다. 그렇게 생각했을 때, 이미 남아 있는 시간은 거의 없었다.

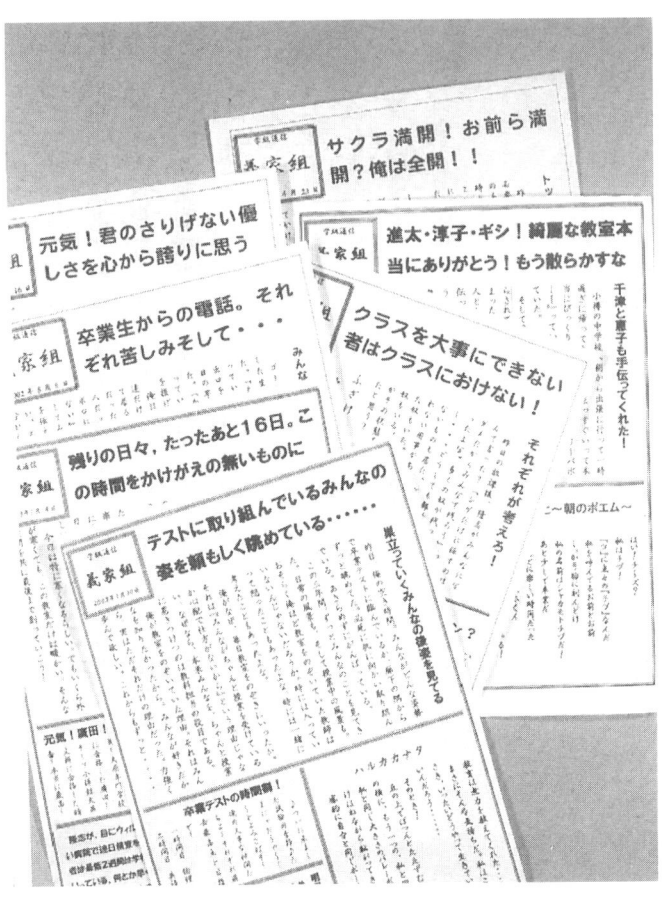

 나는 2학년 때부터 매일 '요시이에 반'이라는 제목의 학급 통신을 만들었다. 아다치 선생님이 그랬던 것처럼. 대마초 사건이 한창이었던 때에도 단 하루를 제외하고는 한 번도 거르지 않았다.
 쉬려고 했던 때도 몇 번 있었지만 전하고 싶은 것이 그 이상으로 많았다. 어느 새 학급 통신은 일상이 되어 있었다.

졸업식의 카운트다운이 시작되던 즈음에, 나는 매일 학급 통신을 만들면서 추억에 빠져들었다. 그리고 시간을 들여 단어를 선택했다. 남은 시간 동안 학생들에게 도대체 무엇을 전할 수 있을지 생각했다.

정신을 차리고 보면 언제나, 설교 투로 쓰여 있었다.

졸업까지의 카운트다운이 시작되었을 즈음, 나는 반 아이들에게 딱 한 가지 진심 어린 부탁을 했다.

학생들은 모두 단 1초라도 빨리 종례가 끝나기를 바란다. 친구들과의 자유로운 시간이 기다리고 있기 때문이다. 6교시가 끝나는 벨이 울리고 교실에 들어서면, 학생들은 일제히 소리 지른다. "빨리 가요."라고 소리치면서. 전달 사항이 많은 날은 그런 소동을 큰소리로 일축한 경우도 몇 번인가 있었다.

그런 가운데, 나는 "중요한 얘기가 있어."라고 말한 후, 한 가지를 학생들에게 부탁했다. 모두 진지하게 귀를 기울였다. 졸업까지 얼마 남지 않은 이 시기에, 마음속으로는 그렇게 생각하고 있더라도 "빨리 가자."라는 말은 절대로 하지 말아 달라고.

내 마음을 꿰뚫은 듯 한 여학생이 놀리듯 말했다.

"외롭군요. 선생님 귀여워요."

"시끄러워, 그런 게 아냐."

말과는 다르게 나는 얼굴이 빨개졌다. 반 아이들 모두 폭소를 터뜨렸다. 내 얼굴은 더욱 새빨개졌다. 그렇다, 난 정말로 외로웠던 것이다.

'교육'이라는 것은 허무한 것이다. 작은 새가 성장해서 뒤도 돌아보지 않고 창공을 향해 날아가듯, 언젠가는 반드시 자신의 보금자리를 떠나 자신의 날개로 날아가기 때문이다.

그렇기 때문에 최소한 그 순간만큼은, 충실한 시간을 함께 나누고 싶었다.

남아 있는 아주 적은 시간을, 일분일초를 아끼며 나는 그들 옆에 있었다.

에필로그

2003년 3월 1일, 졸업식 당일. 하늘은 맑았고, 홋카이도에도 봄의 기운이 느껴졌다. 마치 하늘도 아이들의 새 출발을 기뻐하는 듯했다.

아침 회의를 마치고, 매일 지나가던 사물함을 향해 늘 그랬듯이 천천히 걸어갔다. 학생들을 뒤쫓아 다니던 일상의 풍경이 그 곳에는 확실히 남아 있었다.

천천히 교실로 향했다.

기모노, 하카마, 양복 등 제 나름대로의 차림새로 교실을 다채롭게 하고 있었다. 요시지는 고향 소방수의 작업복을 입고 있었다. 다카시는 완전히 야쿠자 모습이었다. 모두들 각자의 취향대로 차려입고, 자기 자신만의 밝은 무대를 연출하고 있었다.

그리고 문득, 1학년 때부터 반에서 문제만 일으켜 온, 밉살스런 말투의 1인자이지만 사랑할 수밖에 없는 미야의 얼굴을 보았다. 서로의 복장에 대해 얘기하느라 떠들썩한 반 친구들 사이에서 미야는,

울고 있었다. 그 순간 나도 눈물이 흘러나왔다.
　그 이후부터는 제대로 말을 할 수가 없었다.
　마지막으로 한사람 한사람에 대한 생각이 담긴 30통의 학급 통신문 '요시이에 반 최종호'를 건넸다. 졸업식이 시작되기 전에 읽어라, 라는 말만 힘겹게 했다.

　환희와 박수, 그리고 눈물의 졸업식이 시작되었다. 손에 졸업장을 쥔 아이들은, 다시 전국으로 흩어져 간다.
　'언제라도 돌아와! 나는 이 곳에서 언제까지라도 너희들을 생각하며 있을 테니까.'라는 생각을 담아, 눈물범벅이 되어 단상에서 내려온 학생들과 힘껏 악수를 했다.
　볼을 타고 내려오는 눈물은 식이 끝날 때까지 멈추지 않았다. 이 곳이 있었기 때문에 우리는 만났다.
　이 곳이 있었기 때문에…….

　종례 시간. 아이들로부터 수많은 꽃다발과 과분한 인사를 받은 후, 마지막으로 얘기했다.

　"내가 순간의 실수로 중태에 빠져 버렸던 10년 전, 홋카이도에서 달려온 선생님이 내게, '너는 나의 꿈이다. 죽지 말라.'고 말해 주었다. 불량 학생이었던 나를 어떻게 그렇게 생각해 줄 수 있었는지 계속 생각했다.

그러나 그로부터 10년이 지난 지금, 너희들 앞에서 그 해답을 확실히 알게 되었다. '너희들은 나의 꿈이다. 가슴을 펴고 당당하게 살아가라. 너희들은 나의 꿈이다.'"

전국에 흩어져 있을 나의 '꿈들'. 하나하나의 희망은 미래에 어떤 꽃을 피울 것인가.

주인이 떠나간 교실은 곧 새로 들어올 새로운 친구들을 조용하게 기다리고 있었다.

2003년 3월 23일
요시이에 히로유키

옮긴이 | 남도현

1967년 서울생. 장편소설《y를 찾아서》로 작가세계 신인상 수상. 도쿄 외국어대학에서 수학했다. 저서로는《아비시엔의 문》이 있으며, 옮긴 책으로는《미야자키 하야오 론》《사상사 속의 과학》등이 있다.

불량 소년의 꿈

1판 1쇄 | 2004년 3월 19일   1판 17쇄 | 2019년 5월 15일

지은이 | 요시이에 히로유키   옮긴이 | 남도현
펴낸이 | 조재은   편집부 | 박선주 김명옥 육수정
영업관리부 | 조희정 정영주

디자인 | 표지·프리즘 본문·글빛

펴낸곳 | (주)양철북출판사
등록 | 2001년 11월 21일 제25100-2002-380호
주소 | 서울시 마포구 양화로8길 17-9
전화 | 02-335-6407   팩스 | 0505-335-6408
전자우편 | tindrum@tindrum.co.kr
ISBN | 978-89-90220-19-6 03830   값 | 10,000원

잘못된 책은 바꾸어 드립니다.